ISBN : 978-2-215-08719-9

Dépôt légal à la date de parution.
Conforme à la loi n° 49-956 du 16 juillet 1949
sur les publications destinées à la jeunesse.
Imprimé en France par Qualibris (JL)

LES ROMAINS

Conception
Émilie Beaumont

Textes
Philippe Simon
Marie-Laure Bouet

Dessins
Marie-Christine Lemayeur - Bernard Alunni
M.I.A. : Giampietro Costa

Conseiller historique
Philippe Lamarque
Docteur en Histoire

FLEURUS

GROUPE FLEURUS, 15-27, rue Moussorgski, 75018 PARIS
www.editionsfleurus.com

Les origines

Les Latins sont installés sur les sept collines qui bordent le fleuve Tibre. Il est à cet endroit peu profond et facile à traverser.

La prodigieuse histoire de Rome commence au VIIIe siècle av. J.-C. dans la péninsule italienne avec l'installation d'un petit peuple de paysans, les Latins, qui construisent quelques huttes de terre et de paille.

Qui sont les Latins ?

Ce peuple appartient à l'ensemble des nombreux peuples indo-européens venus du centre de l'Europe et de l'Asie à la fin de la préhistoire. Vivant de chasse et de cueillette, ils ont suivi les troupeaux d'animaux sauvages. Devenus agriculteurs, les Latins construisent de petits villages. Quelques familles forment une tribu dont le chef est en principe l'homme le plus âgé.
Ces chefs désignent le roi qui gouverne la cité.

Pourquoi s'installent-ils dans cette région ?

Dans cette région appelée le Latium et traversée par le fleuve Tibre, les terres sont fertiles. À cet endroit précis, le fleuve est peu profond et peut être traversé facilement.
Sur la rive gauche s'élèvent sept collines qui offrent un refuge sûr en cas de danger.
Enfin, la mer toute proche fournit le sel indispensable à la conservation de la viande à l'époque.

Un peuple au milieu d'autres peuples

Rien ne prédestine les Latins à constituer un gigantesque empire autour de la mer Méditerranée, ni à fonder la plus grande et la plus belle cité de l'Antiquité : Rome.
C'est pourtant ce qu'ils parviennent à réaliser en s'associant ou en combattant les peuples qui les entourent : les Sabins, les Samnites, les Étrusques, les Grecs et les Carthaginois.

de Rome

La louve allaitant Remus et Romulus. La statue en bronze de la louve date de 500 av. J.-C., celles des deux bébés ont été ajoutées à la Renaissance, vingt siècles plus tard.

La légende des jumeaux Remus et Romulus

Un récit fameux rapporte les origines de Rome à l'histoire de deux frères jumeaux, Remus et Romulus. Ces deux frères seraient nés, selon la légende, d'une union divine : celle de la mortelle Rhea Silvia et du dieu Mars tombé amoureux de la jeune fille. Remus et Romulus doivent succéder à leur père sur le trône de la ville d'Albe, une cité proche de Rome. Mais leur oncle Amulius, jaloux, a pris le pouvoir et refuse de leur céder le trône. Pire, il ordonne de noyer les deux enfants dans le Tibre. Les très jeunes frères sont alors abandonnés sur la rive du fleuve, au pied du mont Palatin (voir le dessin).

Romulus fonde la ville de Rome

La légende raconte qu'une louve, entendant les cris des bébés, s'approche et les nourrit de son lait. Sauvés, les deux enfants sont recueillis par un berger. Devenus adultes, ils décident de fonder une ville là où la louve les a trouvés. Mais qui donc en sera roi ? Ils attendent un signe des dieux. Apercevant six vautours dans le ciel, Remus l'interprète comme un signe divin et prétend que le trône lui revient. Mais Romulus voyant douze vautours affirme que c'est lui que les dieux ont choisi. Il s'empare alors d'une charrue, creuse un sillon dans la terre et délimite ainsi son royaume. Alors que Remus franchit cette limite, son jumeau le tue. Romulus devient roi et donne son nom à ce royaume : Rome.

La ville est dit-on fondée en 753 av. J.-C.

Que sait-on réellement des origines de Rome ?

Cette histoire de Remus et Romulus est une légende. Toutefois, elle s'appuie sur une réalité que les archéologues confirment : un village de bergers existait bien autour de l'an 800 av. J.-C. sur le mont Palatin.

Les premiers rois bâtis

Tableau du peintre français Jacques-Louis David réprésentant l'enlèvement des Sabines. Cet épisode légendaire de l'histoire de Rome aurait permis aux Sabins de régner à tour de rôle avec les Latins sur la cité.

Pendant les deux premiers siècles de son histoire, Rome est gouvernée par des rois. Sous l'influence des Étrusques, le village de paysans devient une ville, la plus grande de l'Italie de l'époque.

Romulus, premier roi de Rome

Selon la légende, Romulus est considéré par les Romains comme le premier de leurs rois. Un mythe célèbre raconte que sous son règne se serait déroulé l'enlèvement des Sabines.

Voyant que son peuple compte plus d'hommes que de femmes, Romulus redoute que le manque de naissances cause la disparition des Romains. Il imagine alors un stratagème : il invite les Sabins, le peuple voisin, à participer à une fête puis, sitôt leur arrivée, enlève leurs femmes et leurs enfants.

Les femmes au secours de la paix

Aussitôt, les Sabins déclarent la guerre aux Latins. Mais les Sabines s'interposent entre les combattants. Elles obligent les Latins et les Sabins à faire la paix et à s'unir. Il est décidé que les Sabins et les Latins régneront alternativement sur la cité. Ainsi, à la mort de Romulus, disparu mystérieusement, c'est, toujours selon la légende, le Sabin Numa Pompilius qui lui succède.

De grands travaux

C'est Numa Pompilius qui aurait instauré un calendrier de douze mois. Il aurait dirigé dès lors la cité avec l'aide du sénat, une assemblée de riches propriétaires de terres. Ses deux successeurs transforment le village en cité : le latin Tullus Hostilius fait bâtir la Curie, un palais où siègent les sénateurs ; Ancus Marcus lance le premier pont sur le Tibre et fait aménager le port d'Ostie (voir p. 82) à l'embouchure du fleuve.

Les rois étrusques

Selon la tradition romaine, en 616 av. J.-C., après la mort d'Ancus Marcus , le peuple désigne Lucius Tarquinus comme roi.

sent la cité de Rome

Les premières cabanes qui forment les villages des monts Palatin et Quirinal ne sont encore que des huttes de terre couvertes de chaume (ci-contre).

Près de 150 ans plus tard, les Étrusques développent les villages et commencent à bâtir la Rome monumentale avec ses palais, temples, cirques…

Cet homme est un Étrusque venu s'installer à Rome. Avec lui se serait ouverte une période de grandes transformations. Le nouveau roi assèche les marais qui bordent le Tibre et fait aménager un système d'égouts pour rendre la ville plus propre. Il fait construire un cirque pour organiser des courses de chevaux et un temple dédié à Jupiter, le dieu des dieux, au sommet de la colline du Capitole. Son successeur, Servius Tullius, achève ces travaux et entoure la ville d'un mur en pierres long de 7 km.

Les pouvoirs du roi

Le plus souvent désigné par les sénateurs, le roi est le chef absolu de la cité. Il exerce tous les droits : il dirige l'armée, consulte les dieux, nomme les prêtres des temples et fixe les dates des fêtes.

La fin de la royauté

Tarquin le Superbe est, selon les récits romains, le dernier roi de Rome. Il règne de façon autoritaire. Les violences et les crimes se multiplient et ces nombreux désordres lui coûtent son trône. Suite à une révolte, Tarquin est chassé en 509 av. J.-C. Aussitôt, la royauté est abolie.

La naissance de

Séance au sénat de Rome. Les sénateurs portent une toge blanche bordée d'une bande pourpre. Les consuls, eux, portent une toge tout entière de couleur pourpre.

Après avoir chassé les rois en 509 av. J.-C., les Romains fondent la République. Ce système nouveau permet à une partie du peuple d'exercer un contrôle sur les dirigeants.

Comment Rome est-elle gouvernée ?

Les Romains ne veulent plus d'un roi qui dirige seul pendant toute sa vie. Ils confient le pouvoir à deux consuls qui sont élus pour un an. Ceux-ci commandent l'armée et gouvernent les affaires de la cité avec l'accord des sénateurs. Ce nouveau système est appelé « république ».

Qui sont les consuls ?

Ce sont des patriciens, c'est-à-dire des membres de familles nobles. Ils sont vêtus de la toge pourpre. Les deux premiers consuls sont Collatin et Junius, ceux-là même qui ont mené la révolte contre les rois.

Qui sont les sénateurs ?

Eux aussi sont des patriciens. Ils sont 300 au début de la République, 900 à la fin. Ils ne sont pas élus mais désignés par des censeurs (voir page de droite). Ils ont d'immenses pouvoirs puisqu'ils fixent les impôts, déclarent la guerre, signent la paix.

Qui a le droit de vote ?

Les citoyens de Rome sont les seuls électeurs. Les femmes, les étrangers et les esclaves ne votent pas. Les électeurs, séparés en différents groupes,

Consul

Sénateur

la République

Les électeurs se réunissent sur le champ de Mars, au centre de Rome. Pour élire un candidat, ils gravent son nom sur une tablette qu'ils déposent dans une urne. Pour voter une loi, ils choisissent la tablette portant le mot oui ou non selon qu'ils sont d'accord ou non avec cette loi.

élisent les questeurs (qui s'occupent des finances), les édiles (qui dirigent la police), les préteurs (qui organisent la justice), les censeurs (qui désignent les sénateurs) et les deux consuls. Les électeurs votent également les lois.

La lutte entre patriciens et plébéiens

En 494 av. J.-C., les plébéiens, personnes les moins riches, réclament davantage de droits. Ils quittent le centre de Rome, se retirent sur la colline de l'Aventin où ils menacent de fonder une deuxième ville de Rome. Les nobles, appelés patriciens, acceptent alors que les plébéiens élisent des représentants, les tribuns, qui pourront s'opposer à certaines décisions.

Une inégalité grandissante

Les Romains conquièrent de nombreux pays. Des milliers de prisonniers sont faits esclaves et vendus aux riches familles. Cela prive les Romains les plus pauvres de travail et de revenus.

La fin de la République

Le fossé se creuse entre riches et pauvres. Des consuls défenseurs, les uns des patriciens, les autres des plébéiens, s'opposent violemment. Des régions romaines se battent entre elles. C'est la guerre civile. En 27 av. J.-C., Octave ramène la paix et se proclame empereur. La République disparaît (voir p. 18/19).

Ces quatre lettres inscrites sur de nombreux monuments signifient Senatus Populus Que Romanus, *« le sénat et le peuple », et rappellent que, dans la République romaine, le pouvoir est partagé entre le sénat et le peuple.*

Les conquêtes

Pour se protéger puis pour accroître sa puissance, la République romaine mène de nombreuses batailles. En quatre siècles, elle constitue ainsi un immense empire tout autour de la mer Méditerranée.

Les Gaulois à l'assaut de Rome

Pendant le premier siècle de la République, la modeste cité de Rome se développe. Mais, en 390 av. J.-C., des Gaulois installés dans le nord de l'Italie lancent un raid vers Rome. Ils entrent dans la ville, la pillent et la dévastent. Une poignée de Romains parvient à se réfugier au sommet de la colline sacrée du Capitole.

Sauvés par des oies

Les Gaulois attendent alors la nuit pour escalader les remparts qui protègent les temples du Capitole. Ils font le moins de bruit possible pour ne pas éveiller les soupçons. Ni les gardes ni les chiens ne les entendent. Ils sont sur le point de réussir quand, dit-on, les oies sacrées du temple de la déesse Junon donnent l'alarme. Les Romains, réveillés par les oies, repoussent l'assaut. Les Gaulois se retirent de la ville après que les Romains leur ont versé une importante rançon.

Vers la conquête de toute l'Italie

La frayeur passée, les Romains décident d'agir. Ils constituent une puissante armée et partent à la conquête des cités samnites et étrusques qui les entourent (voir p. 6). Ils poursuivent plus loin encore vers le nord d'où ils chassent les Gaulois. Enfin, ils s'attaquent aux puissantes cités que les Grecs ont fondées dans le sud de l'Italie (voir p. 15).

En 241, les Romains ont conquis une grande partie de la péninsule italienne et la Sicile, et leurs conquêtes continuent.

Les galères romaines sont armées d'un corbeau, une sorte de passerelle munie d'un crochet qui permet de lancer plus facilement l'abordage sur les bateaux ennemis en s'y arrimant fermement.

Des victoires à la Pyrrhus

En 380 av. J.-C., la cité grecque de Tarente, au sud de l'Italie, appelle à l'aide Pyrrhus, le roi d'Épire, un royaume du nord-ouest de la Grèce. Celui-ci envoie par mer une armée de 25 000 hommes et de 20 éléphants contre les Romains. Pyrrhus emporte plusieurs victoires mais chaque fois au prix de nombreuses victimes. Ainsi est restée l'expression une « victoire à la Pyrrhus », qui signifie un succès qui a coûté cher. Après cinq ans de combats, en 272 av. J.-C., les Romains l'emportent et conquièrent les cités grecques voisines. Les voici devenus maîtres de toute l'Italie.

Carthage, la puissante rivale

Les armées romaines n'en sont pas quittes pour autant. Elles doivent maintenant affronter l'extraordinaire puissance de Carthage. Cette cité de l'actuelle Tunisie a été fondée par les Phéniciens. Ces marins et commerçants ont constitué un domaine plus vaste encore que celui des Romains.

Que sont les guerres puniques ?

Ce sont les guerres menées contre le royaume de Carthage. La première éclate en 264 av. J.-C. lorsque les Romains s'emparent d'une partie de la Sicile. Les Carthaginois envoient une flotte pour défendre l'île, mais les Romains ont prévu cette manœuvre. En deux mois, ils réussissent la formidable prouesse de construire et d'armer 120 galères de combat ! Eux qui avaient encore peu d'expérience sur mer, ils écrasent la marine adverse grâce notamment à une invention révolutionnaire : le corbeau (voir le dessin ci-dessus). Après plusieurs batailles, en 241 av. J.-C., Rome domine toute la Sicile.

La deuxième guerre punique

Carthage veut sa revanche. Les Carthaginois décident d'attaquer Rome à partir de l'Espagne. En 220 av. J.-C., les armées carthaginoises

commandées par Hannibal marchent vers Rome. Avec une incroyable rapidité, les 70 000 soldats, les centaines de chevaux et les dizaines d'éléphants traversent le sud de la France actuelle et franchissent les Alpes. C'est une épreuve terrible, le froid décime l'armée : 10 000 hommes et de nombreux animaux périssent. Malgré cela, Hannibal écrase plusieurs fois les armées romaines. Mais l'audacieux général carthaginois commet une erreur militaire. Au lieu de foncer sur Rome, qui est à sa portée, il file vers le sud de l'Italie. Il souhaite convaincre les anciennes cités grecques de se soulever contre Rome et se faire ainsi de nouveaux alliés. Entre-temps, les Romains reconstituent leurs forces. Ils harcèlent les carthaginois par de petites attaques incessantes. Le général romain Scipion force ainsi Hannibal à rembarquer pour Carthage.

Plus rien n'arrête les Romains

Les Romains décident eux aussi de traverser la Méditerranée. En 202 av. J.-C., les armées d'Hannibal et de Scipion se font face à quelques kilomètres de Carthage. Hannibal aligne 50 000 hommes et 80 éléphants. Scipion ne dispose que de 25 000 soldats. Néanmoins, le général romain l'emporte. Carthage est contrainte de donner aux Romains l'Espagne, la Corse et la Sardaigne. Rome domine maintenant tout l'ouest de la mer Méditerranée.

Les Romains défendent le passage le plus facile, le long de la côte méditerranéenne. Le général carthaginois Hannibal décide alors de surprendre ses adversaires en franchissant les Alpes.

La conquête de la Grèce

Forte de ses victoires contre Carthage, Rome regarde maintenant vers la Grèce et vers l'Asie. Les armées romaines conquièrent la Macédoine, au nord de la Grèce, puis Athènes et Sparte, les deux grandes villes du sud. En 146 av. J.-C., toute la Grèce est aux mains de Rome. Admiratifs de l'art grec,

À la fin de la République, en 44 av. J.-C., les Romains décrivent la Méditerranée comme « leur mer », Mare Nostrum : ils en ont conquis quasiment tout le pourtour.

les Romains rapportent à Rome des milliers de statues et d'œuvres d'art.

« Il faut détruire Carthage »

À Rome, Caton, un homme politique, ne cesse de répéter cette phrase.
Les Romains craignent en effet que, malgré la paix signée, les Carthaginois ne préparent une troisième guerre. En 149 av. J.-C., ils assiègent donc Carthage pendant trois ans avant de s'emparer de la cité et de la détruire.
Les prisonniers sont emmenés à Rome et la terre autour de Carthage est recouverte de sel afin que rien ne puisse y pousser.

Les Romains sur tous les fronts

Les armées romaines ne cessent de courir d'un bout à l'autre de leurs territoires. Alors qu'elles répriment des révoltes en Espagne entre 154 et 139 av. J.-C., elles partent ensuite à l'assaut de l'Asie et conquièrent une partie de l'actuelle Turquie. En 121 av. J.-C., elles prennent possession de la Gaule narbonnaise, dans le sud de l'actuelle France. En 64 av. J.-C., les voici en Syrie. Entre 58 et 52 av. J.-C., sous les ordres de Jules César (voir p. 16), elles conquièrent toute la Gaule et une partie de l'actuelle Grande-Bretagne. Alors que la République s'apprête à disparaître, Rome est devenue la plus grande puissance économique et militaire du continent européen.

Les provinces

Chaque pays conquis devient une province de Rome. Elle est dirigée par un représentant de la République. Des milliers d'hommes et de femmes sont emmenés à Rome comme esclaves. Jusqu'en 212 ap. J-C., les habitants qui demeurent sur place n'ont aucun droit et doivent payer de lourds impôts sous forme d'argent ou de biens.

Beaucoup d'habitants des pays conquis sont faits prisonniers et deviennent esclaves.

Jules César

En 52 av. J.-C., Jules César assiège l'armée du chef gaulois Vercingétorix. Celui-ci est contraint de déposer ses armes. La Gaule devient une province romaine

Extraordinaire destin que celui de Jules César : homme politique ambitieux et général audacieux, il devient le dictateur de la République avant d'être assassiné.

Les origines

Caïus Julius, plus connu sous le nom de Jules César, naît en 101 av. J.-C. dans une famille de nobles romains. Très jeune, il se lance dans la politique. À 16 ans, il épouse la fille de Cinna, un personnage important de Rome. Il espère que ce mariage favorisera sa carrière mais Cinna est assassiné. Se sentant menacé, Jules César doit quitter Rome.

Des millions de dettes

À son retour à Rome, il devient avocat. Mais il enrage : à 30 ans, il n'obtient que des postes peu importants. Il emprunte alors de colossales sommes d'argent pour organiser un fabuleux combat de 320 gladiateurs. Le spectacle est gratuit. Sa renommée est faite auprès de la plèbe. Deux ans plus tard, il est élu grand pontife, c'est-à-dire chef des prêtres.

Peu après, le sénat le nomme gouverneur en Espagne. Il échappe ainsi à tous ceux qui lui réclament l'argent qu'il a emprunté.

Consul, enfin !

En 59 av. J.-C., à 42 ans, le sénat le nomme enfin consul. Il gouverne Rome avec deux autres sénateurs : Pompée et Crassus. L'année suivante, il prend le commandement d'une armée avec laquelle il compte bien conquérir de nouvelles colonies, et en particulier la Gaule.

Vainqueur à Alésia

Jules César envahit rapidement la Gaule et une partie de l'actuelle Grande-Bretagne. Tout lui

Pompée

ambitieux général

Haï par de nombreux ennemis, Jules César est assassiné en 44 av. J.-C. Parmi ses assassins se trouvait, dit-on, son fils adoptif, Brutus.

réussit. En 52 av. J.-C. pourtant, le jeune chef gaulois Vercingétorix unit les tribus gauloises et remporte sur les Romains la victoire de Gergovie. Mais, à cause d'une erreur stratégique, il se fait ensuite assiéger sur la colline d'Alésia et doit se rendre.

César franchit le Rubicon

Riche et puissant, Jules César rentre à Rome. Il doit normalement laisser ses soldats sur les rives du Rubicon, la rivière qui marque la frontière avec Rome. En effet, aucun soldat n'a le droit d'entrer dans la cité, sauf le jour du Triomphe. César pénètre pourtant dans la capitale à la tête de ses légions. Pendant son absence, Crassus a été tué et Pompée compte bien l'empêcher de conquérir le pouvoir. Les deux hommes s'affrontent à plusieurs reprises. Pompée choisit finalement de fuir, mais il est assassiné alors qu'il s'apprête à débarquer en Égypte. César arrive peu après. Séduit par le charme de Cléopâtre, il aide celle-ci à accéder au trône d'Égypte puis rentre à Rome avec elle.

Assassiné de 23 coups de couteau !

Les sénateurs ne refusent plus rien à cet homme glorieux et riche. Ils le nomment dictateur à vie. Jamais depuis la chute des rois, un homme n'a possédé autant de pouvoirs. Mais, dans Rome, Jules César s'est fait beaucoup d'ennemis. Quelques sénateurs décident de l'assassiner. Le 15 mars 44 av. J.-C., alors qu'il entre au sénat, ses adversaires le frappent de 23 coups de couteau. Le peuple de Rome crie sa colère devant cet assassinat. Il pourchasse et tue ses auteurs. Deux hommes se disputent désormais le pouvoir : Marc Antoine et Octave.

Ambitieux et déterminé, César devient l'un des plus puissants chefs qu'ait connu Rome.

La fin de la République

À la mort de César, Octave, son neveu, s'oppose à Marc Antoine. Vainqueur de son rival, Octave obtient en quelques années le titre d'Auguste et d'Imperator. Il est le premier empereur romain.

Le fils adoptif de Jules César

Né en 63 av. J.-C., Octave est le petit-neveu de Jules César qui l'adopte comme son fils et le désigne comme son successeur, mais la République interdit cette succession directe. Quand Jules César est assassiné, Octave, âgé de 18 ans, veut accéder au pouvoir. Il forme alors un nouveau triumvirat (association de trois hommes au pouvoir) avec le consul Marc Antoine et le proconsul Lépide. Ils rétablissent l'ordre puis se partagent les provinces romaines. Octave s'accorde l'Ouest, Marc Antoine reçoit l'Est, Lépide obtient l'Afrique du Nord.

Octave déclare la guerre à Antoine et Cléopâtre

L'Égyptienne Cléopâtre, qui avait déjà séduit César pour reconquérir le trône d'Égypte, charme Marc

Antoine tombe sous le charme de Cléopâtre, mais Octave, craignant pour l'Empire romain, déclare la guerre à la dernière reine d'Égypte.

Antoine souhaitant que celui-ci l'aide à reconstituer la grandeur de l'Égypte. Ensemble, ils vivent des jours heureux à Alexandrie. Mais, en 32 av. J.-C., Antoine décide de partager son domaine entre les trois enfants qu'il a eus avec Cléopâtre et Césarion, le fils de César et Cléopâtre. Il décide aussi de divorcer d'Octavie, la sœur d'Octave et sa femme officielle. Pour Octave, c'est inacceptable, les décisions de Marc

Auguste, premier empereur

Antoine mettent Rome en péril. Il convainc alors les sénateurs de déclarer la guerre à Cléopâtre.

Octave, appelé Auguste.

Cléopâtre vaincue

Octave et Marc Antoine s'affrontent lors de la bataille navale d'Actium, au large de la Grèce, en 31 av. J.-C. Sorti vainqueur, Octave fonce vers Alexandrie. Antoine se donne la mort. Dix jours plus tard, Cléopâtre se suicide à son tour en se faisant volontairement mordre par un serpent.

Octave devient *Auguste* et *Imperator*

Ayant vaincu Lépide en 36 av. J.-C. et triomphé d'Antoine en 31 av. J.-C., Octave peut désormais régner seul, comme il le souhaitait. Rentré d'Alexandrie en maître, populaire à Rome, il reçoit le titre d'*Auguste*, un titre réservé aux dieux ! Octave se fait alors appeler *Auguste* et devient aussi *Imperator*, c'est-à-dire chef suprême des armées, qui va donner le mot empereur.

La fin de la République

Ce nouvel homme fort de Rome est habile. Sans jamais s'opposer aux sénateurs, il obtient ce qu'il veut : il est empereur à vie, il a le droit de refuser les lois votées et de proposer les siennes... Avec Octave, la République est morte.

L'Empire s'agrandit

Après la mort de Marc Antoine, Octave annexe l'Égypte, colonise l'Espagne et la Judée (sud de l'actuelle Palestine). L'Empire romain compte alors entre 50 et 80 millions d'habitants, Rome en dénombre un million. En 9 ap. J.-C., Octave subit toutefois un échec en Germanie. Prudent, l'empereur n'insiste pas. Octave règne jusqu'à sa mort, en 14 ap. J.-C., à l'âge de 76 ans. Honoré comme un dieu, auteur de nombreuses réformes, il réorganisa les provinces et ordonna de multiples grands travaux, son règne demeure comme une brillante période de l'époque romaine.

L'empereur règne

Lorsqu'il se déplace, l'empereur est précédé de 24 licteurs qui assurent sa protection.

Avec l'Empire, le pouvoir est dans les mains d'un seul homme : l'empereur. Il est à la fois chef de l'État, chef des armées et chef des prêtres.

Pourquoi les Romains acceptent-ils l'Empire ?
Le dernier siècle de la République a été marqué par d'incessantes luttes entre les consuls. Ces conflits ont fait des milliers de victimes et engendré une grande misère chez les plus pauvres. Fatigués de ces guerres civiles, les Romains acclament Octave qui est parvenu à ramener la paix.

Comment devient-on empereur ?
Il n'y a plus d'élections et le sénat n'a plus aucun pouvoir. L'empereur n'est donc plus élu comme l'étaient les consuls de la République. Il est désigné par son prédécesseur, par les légions ou encore par le sénat. Il règne jusqu'à sa mort et choisit, à son tour, son successeur.

Quels sont ses pouvoirs ?
L'empereur dirige tout à la fois l'État et son Empire, les armées et les prêtres de tous les temples.
Il est protégé par une garde personnelle, la garde prétorienne. Les citoyens romains lui doivent respect et obéissance.

Pourquoi porte-t-il une couronne de lauriers ?
La couronne d'or était le symbole de la royauté. Pour ne pas être confondu avec un roi, l'empereur choisit la couronne de lauriers. Cette plante symbolise l'immortalité et la gloire que donne la victoire militaire.

Que devient le sénat ?
L'Empire conserve le sénat mais les sénateurs ne sont plus désignés par les censeurs. Ils sont nommés directement par l'empereur. Celui-ci accorde cet

Auguste 1er	27 av. J.-C-14
Tibère	14-37
Caligula	37-41
Claude 1er	41-54
Néron	54-68
Galba	68-69
Othon	69
Vitellius	69
Vespasien	69-79
Titus	79-81
Domitien	81-96
Nerva	96-98
Trajan	98-117
Hadrien	117-138

en maître absolu

L'empereur représenté en chef d'État (1), en chef des armées (2) et en pontife (grand prêtre) (3).

honneur à des nobles, à des généraux et à des amis fidèles. Les sénateurs votent généralement les lois que l'empereur propose. Si, fait extraordinaire, les sénateurs prennent une décision qui déplaît à l'empereur, ce dernier peut l'annuler.

Protégé des dieux

En tant que chef des prêtres, l'empereur est protégé par les dieux. Ce sont eux, et notamment Mars, le dieu de la Guerre, qui l'aident à remporter ses victoires militaires. À sa mort, le corps de l'empereur est brûlé. Il devient un demi-dieu.

Comment est dirigé l'immense Empire ?

Les régions conquises sont transformées en 47 provinces. Celles acquises sous la République sont dirigées par des sénateurs, les autres directement par l'empereur aidé des légions romaines.

RÈGNE DES PRINCIPAUX EMPEREURS DE L'EMPIRE ROMAIN D'OCCIDENT AVANT 395.

Antonin le Pieux	138-161	Philippe	244-249	Dioclétien	284-305
Marc Aurèle	161-180	Dèce	249-251	Maximien	286-305
Commode	180-192	Gallus	251-253	Constance 1er	305-306
Pertinax	193	Émilien	253	Sévère	306-307
Didius Julien	193	Valérien 1er	253-259	Maxence	306-312
Septime Sévère	193-211	Gallien	259-268	Constantin 1er	306-337
Caracalla	211-217	Claude II	268-270	Constantin II	337-340
Macrin	217-218	Quintille	270	Constant 1er	337-350
Élagabal	218-222	Aurélien	270-275	Magnence	350-353
Alexandre-Sévère	222-235	Tacite	275-276	Julien	361-363
Maximin 1er	235-238	Florien	276	Jovien	363-364
Gordien 1er	238	Probus	276-282	Valentinien Ier	364-375
Gordien II	238	Carus	282-283	Gratien	375-383
Gordien III	238-244	Carin	283-285	Valentinien II	375-392

La paix romaine

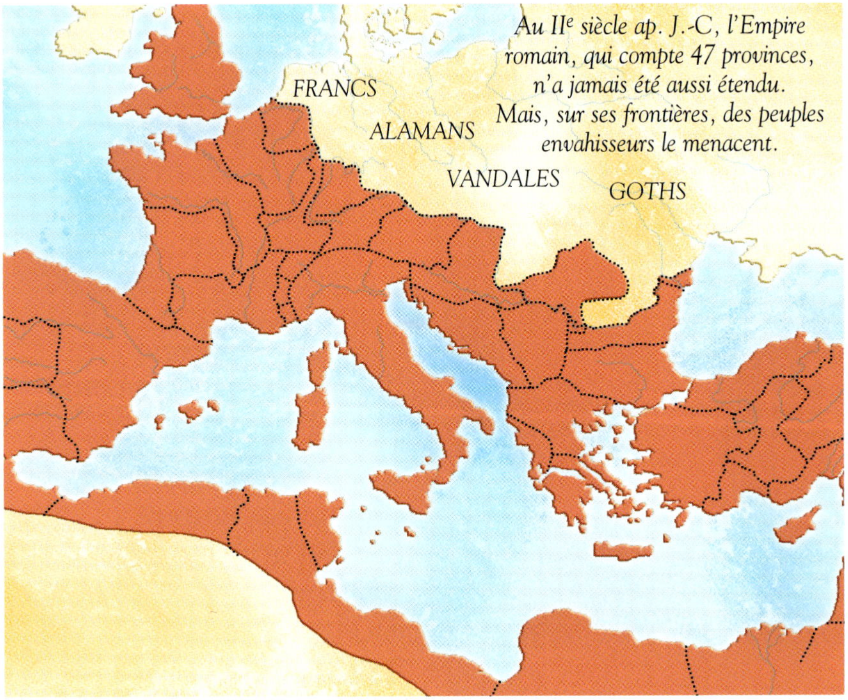

Au IIe siècle ap. J.-C, l'Empire romain, qui compte 47 provinces, n'a jamais été aussi étendu. Mais, sur ses frontières, des peuples envahisseurs le menacent.

Au IIe siècle, l'Empire romain atteint son apogée. Pendant ce siècle appelé « l'âge d'or », la paix romaine règne à peu près partout.

Le grand Empire de Trajan

Devenu empereur en 98, il engage trois campagnes : vers le sud de la Judée jusqu'à Pétra, dans l'actuelle Jordanie ; vers la Dacie, l'actuelle Roumanie ; contre les Parthes, dans l'actuel Iran. Les possessions romaines s'étendent alors de l'océan Atlantique et de la Manche au golfe Persique, à la mer Caspienne et à la mer Rouge. L'Empire, qui compte 47 provinces, n'a jamais été aussi vaste. Il dépasse largement l'empire égyptien des pharaons et l'empire grec d'Alexandre le Grand. On évalue sa population à 100 millions d'habitants.

D'immenses richesses

Grâce aux mines d'or de Dacie, l'empereur lance de grands travaux dans la ville de Rome. Il fait édifier une colonne de marbre de 35 m sur laquelle sont représentés ses exploits militaires (ci-dessous) et engage la construction d'un nouveau forum au centre de Rome.

Hadrien et la paix romaine

Trajan meurt en 117. Son fils adoptif, Hadrien, lui succède. Partisan de la paix romaine, la *pax romana*, il renonce aux expéditions militaires. Voyageur infatigable, il inspecte les provinces et consolide les frontières. Dans l'actuelle Grande-Bretagne, il fait édifier un mur-frontière de 117 km (voir p. 33).

La colonne édifiée à la demande de l'empereur Trajan est toujours à Rome *(voir p.111)*.

L'Empire menacé

Au IIIe siècle, les « barbares » déferlent sur Rome.

Au début du IIIe siècle, rien ne va plus dans l'Empire. Les assassinats d'empereurs se multiplient. De nombreux peuples en profitent pour franchir les frontières.

Pourquoi cette crise ?

Les sénateurs, à Rome, et les généraux de l'armée, qui gardent les frontières, se disputent chaque fois qu'un nouvel empereur arrive au pouvoir. Les uns comme les autres font assassiner celui que le camp adverse désigne. Ainsi, entre 235 et 284, une vingtaine d'empereurs se succèdent à la tête de l'Empire.

La paix romaine est rompue

Le pouvoir de Rome n'étant plus assez fort, les peuples étrangers, que les Romains appellent « Barbares », pénètrent dans l'Empire et s'emparent de plusieurs régions : la Gaule, une partie de la Grande-Bretagne et de l'Espagne, la Roumanie, la Syrie, l'Égypte...

La nourriture manque

Dans cet empire menacé de toute part, les récoltes ne peuvent être faites partout, la nourriture commence à manquer. Le commerce devient lui aussi de plus en plus difficile : sur les mers et sur les routes, des pirates et des brigands s'emparent des marchandises. À Rome, le prix des aliments flambe. Les plus pauvres souffrent de la faim. De plus, pour faire face aux attaques, davantage de légionnaires sont recrutés mais on doit augmenter les impôts pour les payer. Enfin, pour aggraver la situation, une terrible épidémie de peste, maladie mortelle, s'abat sur l'Empire.

Vers la chute de l'Em

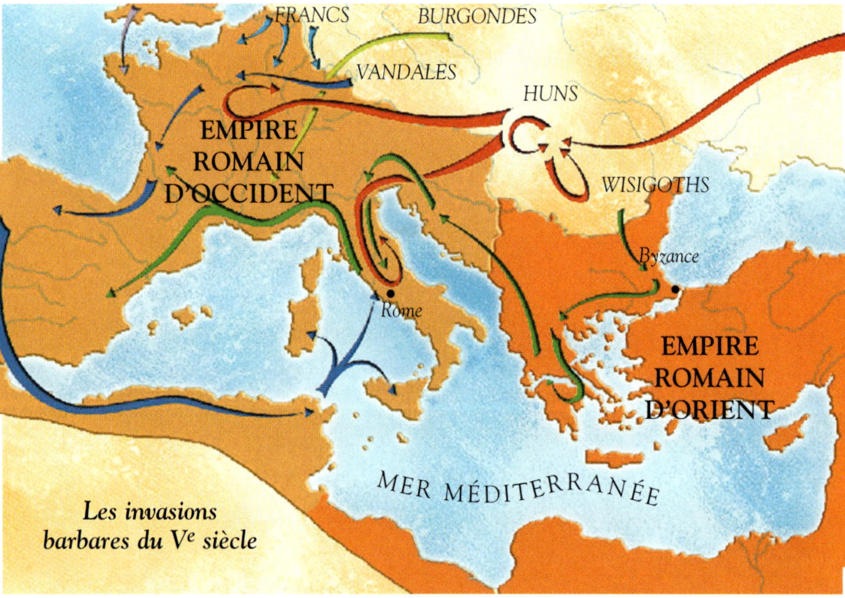

Les invasions barbares du Ve siècle

Au cours du IVe siècle, les empereurs romains deviennent chrétiens. Mais, au Ve siècle, les invasions menées par les « Barbares » précipitent la chute de l'Empire romain.

L'Empire partagé en deux

À la fin du IIIe siècle, plusieurs empereurs courageux repoussent les envahisseurs. Chaque province perdue est reconquise. La paix revient. En 284, l'empereur Dioclétien partage l'Empire en deux parties : l'Empire d'Occident, à l'ouest, avec Rome pour capitale, et l'Empire d'Orient à l'est avec Byzance, l'actuelle Istanbul, en Turquie, comme capitale. Chaque empire est dirigé par deux hommes : l'empereur et son césar, un homme qu'il a choisi pour lui succéder. Ainsi gouverné, l'Empire défend mieux ses frontières contre les peuples barbares.

Constantin réunit les empires

Lorsque Dioclétien quitte le pouvoir, la lutte reprend entre les successeurs. C'est finalement Constantin qui l'emporte. Ce nouvel empereur réunit les deux empires, quitte Rome et choisit Byzance pour capitale. Il lui donne son nom : Constantinople. Cet empereur accomplit aussi un geste important : il autorise les chrétiens à pratiquer librement leur religion et devient chrétien lui-même. Quelques années plus tard, l'empereur Théodose décide que la religion de l'Empire sera la religion de Jésus-Christ (voir p. 105). À la mort de Théodose, en 395, l'Empire est une nouvelle fois divisé entre l'Empire d'Orient et l'Empire d'Occident.

Des envahisseurs de l'Est

À partir de 406, plusieurs peuples de l'est de l'Europe franchissent les frontières de l'Empire à l'est. Ils pénètrent en Gaule, en Bretagne

pire romain d'Occident

Au Ve siècle, les Huns sèment la terreur. Leur chef Attila est redoutable, la légende dit que l'herbe ne repousse pas où son cheval passe !

(Angleterre), en Espagne, franchissent la Méditerranée et parviennent en Afrique du Nord. En 410, les Wisigoths entrent dans Rome, pillent la ville et la mettent à feu et à sang.

Attila, le terrible chef des Huns

Les Huns, un peuple installé en Europe centrale, lancent des attaques meurtrières dans l'est de l'Empire. Leur roi Attila est surnommé «fléau de Dieu». Il obtient de Rome une forte somme d'or en échange de la paix. Mais, en 451, Attila et ses soldats pénètrent en Gaule, plus rien ne semble pouvoir les arrêter. Pourtant, les Romains, s'alliant à des Barbares, le battent à l'est de Lutèce (Paris).

L'Empire d'Occident s'effondre

Cependant, la puissance de l'Empire romain d'Occident s'affaiblit. Il ne peut plus compter sans les Barbares, qui font la loi.
En 476, des germaniques, les Hérules, renversent le dernier empereur, Romulus Augustule, âgé de 10 ans. Rome est pillée une fois de plus. L'Empire d'Occident s'effondre. L'Europe se divise en différents royaumes.
En 487, les Francs, un autre peuple germanique, s'empare d'une partie de la Gaule. Leur chef, Clovis, est couronné roi des Francs. Il est considéré comme le premier roi de France.
À l'est, l'Empire d'Orient résiste aux invasions.
Il se poursuit pendant près de mille ans encore.

Une immense

1 DÉCURIE
=
10 soldats

1 CENTURIE
=
10 décuries

1 MANIPULE
=
2 centuries (200 hommes)

1 LÉGION
=
30 manipules =10 cohortes (6 000 hommes)

L'armée romaine était certainement la mieux organisée de l'Antiquité.

Pour conquérir et défendre son immense Empire, Rome possède une puissante armée. Ses soldats, romains ou étrangers, s'engagent pour vingt ans.

L'armée sous la République

Quand la République romaine entreprend la conquête de l'Italie (voir page 12), l'armée ne compte encore que des citoyens romains. Tous les hommes entre 17 et 46 ans ont l'obligation de servir la cité. Chacun doit payer son équipement : les plus riches, qui possèdent un cheval, sont chevaliers ; les autres sont fantassins. Les plus pauvres n'ont pas d'armes. Ils effectuent les travaux de terrassement et de construction. L'armée n'est pas permanente. Elle est formée au printemps,

Chaque soldat appartient à une décurie, un groupe de 10 soldats commandés par un décurion. Dix décuries constituent une centurie commandée par un centurion. Deux centuries forment une manipule ; trois manipules forment une cohorte et dix cohortes forment une légion, soit 6 000 soldats. S'y ajoutent des troupes auxiliaires de cavaliers, d'archers, de frondeurs.

armée

Chaque année, réunis devant les officiers qui commandent la légion, les soldats renouvellent leur serment d'obéissance à l'empereur.

en mars (Mars est le dieu de la Guerre pour les Romains) et elle est dissoute à l'automne. Leur temps de service terminé, les soldats redeviennent civils.

L'armée devient professionnelle

Quand les conquêtes s'étendent, l'armée doit maintenir l'ordre et contenir les tentatives de soulèvements et d'invasions. Avant même la fin de la République, l'armée devient professionnelle. Les soldats sont équipés, nourris et reçoivent un salaire : la solde. Les plus pauvres peuvent s'engager, ainsi que les soldats venus des provinces conquises, mais les esclaves ne sont pas admis dans l'armée. L'engagement dure vingt ans, voire plus si la situation militaire l'exige.

L'armée sous l'Empire

En échange de leur engagement au service de l'Empire, les soldats ont droit à une partie du butin qu'apporte la victoire. À la fin de leur service, ils deviennent propriétaires d'un terrain qu'ils peuvent cultiver. S'ils sont étrangers, ils reçoivent la citoyenneté romaine. Les simples soldats peuvent accéder à des grades supérieurs. Les troupes auxiliaires sont formées de soldats venus des provinces étrangères. Ils ne sont pas considérés comme des légionnaires. Leur solde est moins importante.

Les officiers

Les cohortes sont commandées par des tribuns et la légion par un légat. Ces officiers sont des fils de nobles choisis par l'empereur. S'ils conduisent leur légion à la victoire, ils peuvent espérer devenir gouverneur d'une province ou commandant d'une armée entière (trois ou quatre légions).

Des enseignes

Des soldats

Javelots, glaives, cuirasse, sandales… Voici la revue en détail de l'équipement des légionnaires romains.

Quelles sont les armes du fantassin ?

Ce légionnaire qui va à pied porte deux javelots appelés *pilum*. La pointe en fer d'une cinquantaine de centimètres est très effilée. Elle est fixée sur un manche en bois long de plus d'un mètre et demi ! Lorsque le pilum se plante, la pointe se sépare du javelot et empêche ainsi l'adversaire de s'en servir. Le légionnaire combat également avec un glaive, une épée courte à deux tranchants, et un poignard. Il se protège avec un bouclier en bois couvert de cuir et renforcé par des plaques de fer. Un renflement placé au centre dévie les flèches et les lances ennemies.

Outre son uniforme et ses armes, le légionnaire fantassin est également équipé d'une pioche, d'une pelle, parfois d'une faucille et d'un petit matériel de cuisine (voir p. 31).

Une cuirasse de 5 kg !

Le fantassin porte des sous-vêtements et une tunique de laine. Il est chaussé de sandales de cuir appelées *caligae* dans lesquelles le pied est nu. Pour combattre, il revêt une cuirasse articulée. Constituée d'une quarantaine de pièces de métal attachées par des rivets et des lanières de cuir, elle pèse près de cinq kilos ! Le légionnaire ajoute sur son ventre une ceinture de cuir renforcée de plaques de fer et un casque également en métal conçu pour protéger la tête, la nuque et les oreilles. Dans les régions froides de l'Empire, les légionnaires adoptent les tenues locales, particulièrement les pantalons des Gaulois, les braies.

Comment est équipé le cavalier ?

Lui aussi porte un bouclier. Il se bat avec une lance, l'*hosta*, et une épée longue, la *spatha*. Sa poitrine est protégée par une cuirasse sans manches, ses jambes par des jambières. Il couvre

bien équipés

également son cheval d'une cotte de mailles. Hélas, l'étrier n'est pas encore connu en Europe à cette époque, les cavaliers ont peu d'appui pour donner de puissants coups de lance ou d'épée.

Comment s'habille le centurion ?

Ses sous-vêtements sont identiques à ceux des légionnaires. Il se distingue par son manteau de laine et son uniforme, très différent. Sa cuirasse en fer, sans manches, est ornée de décorations. Ses jambes sont protégées par des jambières en métal.

Son casque est surmonté de plumes ou d'une crinière de cheval. Il tient à la main le symbole de son autorité le *vitis*. Il s'agit d'un cep de vigne, un bâton aux formes torsadées.

Qui est le *signifier* ?

Ce légionnaire porte les enseignes du manipule et de la légion dans laquelle il combat. Ces longs bâtons de bois qu'il maintient fièrement sont décorés d'insignes : l'aigle, symbole de l'Empire ; l'animal emblème de la légion et les lettres SPQR (voir page 11). Dans les cérémonies officielles, le *signifier* (voir ci-contre) porte une peau d'ours et parfois un masque. Les légionnaires veillent sur les enseignes. C'est un grand déshonneur que de voir l'ennemi s'en emparer.

Le centurion se distingue par un casque à aigrette, il porte aussi des jambières. Il est responsable de la discipline et de l'entraînement. Il existe divers grades parmi les centurions.

Le camp

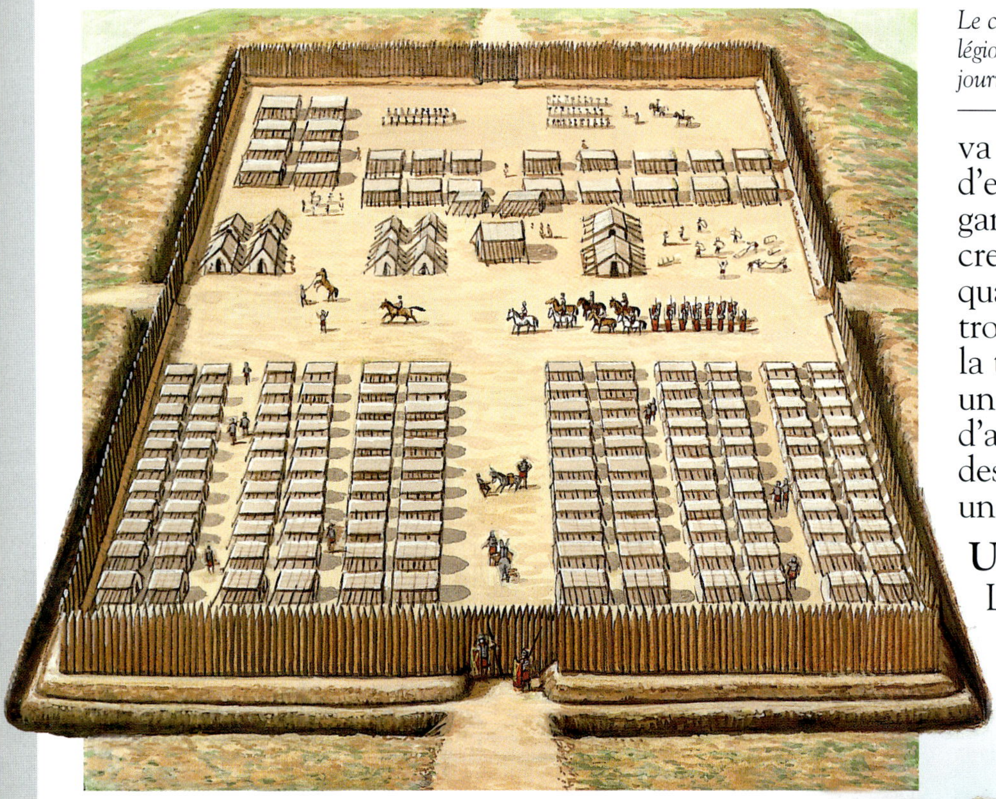

Le camp volant est dressé par les légionnaires, souvent après une longue journée de marche.

À chaque nouvelle étape, après avoir parcouru près de trente kilomètres à pied, les légionnaires doivent construire leur campement.

Le camp volant, plus que de simples tentes

Avant la construction du camp, le commandant de légion consulte les dieux pour déterminer le meilleur endroit où installer les tentes. Il cherche de préférence un point en hauteur, par exemple sur une colline, qui sera plus facile à défendre. Il veille à ce qu'il y ait une source d'eau proche pour les hommes et les animaux. On commence par aplanir le terrain. Deux allées principales sont tracées, l'une, appelée *Via principalis*, va du nord au sud, l'autre, la *Via pretoria*, va d'est en ouest. Chacune d'elles conduit à une porte gardée. Les légionnaires creusent un fossé large de quatre mètres et profond de trois autour du camp. Avec la terre extraite, ils élèvent un talus. Pendant ce temps, d'autres soldats abattent des arbres pour dresser une palissade.

Une ville en miniature

Les tentes soigneusement alignées forment des rues. Au centre est aménagé un forum, une place sur laquelle les soldats

d'étape

Des fossés sont creusés et des palissades sont dressées à chaque nouveau campement.

se réunissent pour écouter leur commandant. Autour du forum sont dressées la tente du commandant, celles des officiers, celle des vivres et celle dans laquelle sont placées, sous bonne garde, les enseignes de la légion.

Des tentes en peaux

La tente du commandant est faite de peaux de veau cousues, elle est grande et confortable. L'officier dort sur un lit pliant. Les tentes des légionnaires sont en peaux de chèvre. Elles sont beaucoup plus petites et les huit légionnaires qui y dorment ont tout juste la place de poser leurs affaires et de s'allonger sur un matelas de paille à même le sol. Ces très lourdes tentes sont transportées sur des mules ou sur des chars tirés par des bœufs.

Un camp bien gardé

Chaque soir, une centurie est désignée pour monter la garde du camp. Pour ces cent hommes, pas question de se coucher. Les sentinelles, en faction devant les portes, doivent demander le mot de passe du jour à tout soldat qui veut entrer ou sortir.
Les patrouilles effectuent aussi des rondes tout autour du campement.
Le soldat qui s'endort est puni.

Pas de cantine pour les soldats !

Les légionnaires reçoivent chaque jour de la farine de blé noir (du froment) avec laquelle ils doivent se confectionner biscuits, bouillie ou pain. Ils mangent aussi des légumes, (surtout des lentilles et des oignons) et de la viande (généralement du lard salé qui se conserve plusieurs semaines). Les aliments sont achetés ou réquisitionnés auprès des populations.

Dans les camps volants, il n'y a pas de cuisine, chacun prépare son repas avec les quelques ustensiles dont il dispose dans son paquetage.

Un rempart con

La frontière de l'Empire est à certains endroits défendue par une imposante fortification en bois.

L'Empire est vaste. À son extension maximum, sa frontière est longue de 10 000 km environ. Pour empêcher tout envahisseur de pénétrer, l'armée dresse des remparts.

Le limes

Ce mot désigne la frontière entre l'Empire romain et les pays occupés par les peuples considérés comme « barbares ». Le limes peut être formé par une construction humaine ou par des obstacles naturels difficiles à franchir : une montagne, un lac ou un fleuve. Le limes est bordé par une route couverte de dalles de pierres sur laquelle les soldats et les marchandises circulent plus rapidement. Cette frontière coupe la Grande-Bretagne en deux, traverse l'Europe depuis la mer du Nord jusqu'à la mer Noire, se poursuit à travers l'actuelle Turquie, l'actuel Iraq, coupe l'Égypte et longe les bords du désert d'Afrique du Nord jusqu'à l'océan Atlantique.

Le mur d'Hadrien, au nord

Ce rempart marque la frontière entre les territoires actuels de l'Angleterre et de l'Écosse. Il s'étend sur 118 km, de la mer d'Irlande à la mer du Nord. Il doit empêcher les peuples du Nord, les Scots en particulier, de pénétrer dans la province romaine de Bretagne. L'empereur romain Hadrien décide sa construction en 22. Le rempart est bâti en pierres et en terre. Il est large de 3 m et peut atteindre 6 m de haut par endroits. Tous les 1,4 km s'élève un fortin qui sert de poste de frontière et abrite un détachement de soldats. De nos jours, il subsiste des vestiges du mur et de quelques fortins.

tre les barbares

Les légionnaires romains inspectent les charrettes qui veulent franchir la frontière et font payer des taxes aux marchands.

Le limes de l'est de l'Europe

En certains endroits, la frontière avec l'est de l'Europe est marquée par un relief ou un fleuve, il n'est pas nécessaire d'édifier une construction. Mais lorsque le limes traverse une grande plaine, les généraux font dresser une palissade de bois renforcée de tours. À l'avant, de multiples défenses sont installées : un fossé rempli d'eau, un espace semé de pointes en métal fichées dans le sol et planté de taillis épineux. Enfin, des pieux acérés sont fixés sur la palissade elle-même, pour décourager toute tentative d'escalade.

Des milliers de soldats

La défense du limes est assurée par les soldats. Ceux-ci sont également douaniers. Ils prélèvent des taxes sur tous les produits que les marchands vendent aux Romains. Une trentaine de légions, soit des dizaines de milliers de soldats, sont installées dans les camps fortifiés qui suivent le tracé de la frontière. Au fil du temps, il devient de plus en plus difficile de mobiliser autant de soldats et de leur verser leur solde. Des volontaires étrangers sont engagés. De plus en plus de soldats venus de tribus considérées comme « barbares » entrent dans la légion. Enfin, les conflits entre les dirigeants de Rome n'arrangent rien : peu à peu, la défense des frontières n'est plus correctement assurée. Les tribus barbares peuvent alors pénétrer dans l'Empire jusqu'à son effondrement, en 476.

Les vestiges du mur d'Hadrien, aujourd'hui.

Les légions bâtissent

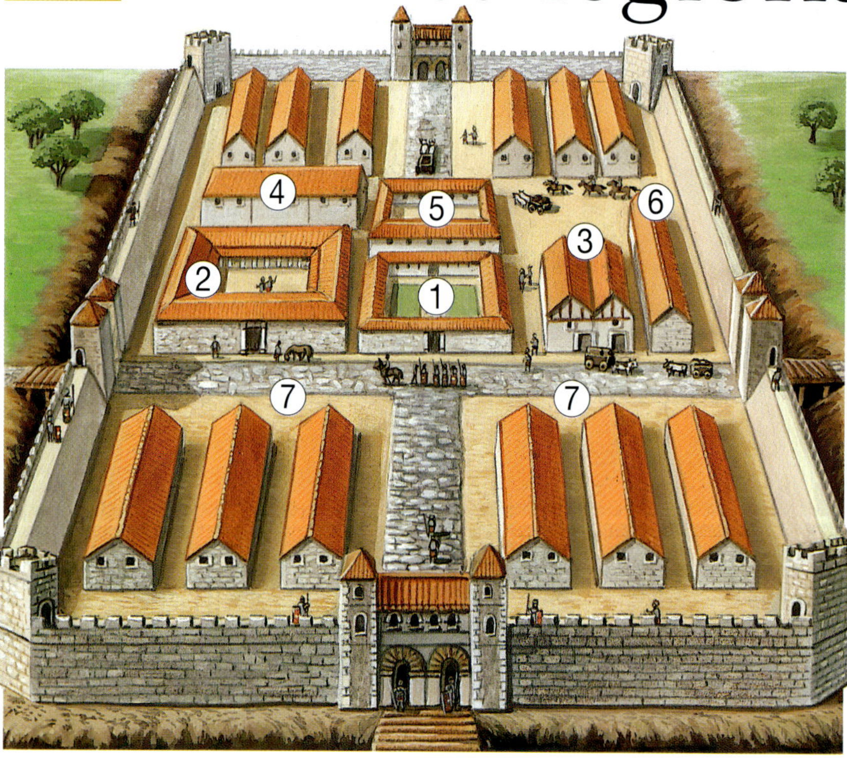

Au centre se trouve le quartier général du commandant de la légion (1), puis sa maison (2), les greniers (3), les thermes (4), l'hôpital (5), les écuries (6) et les logements des soldats (7).

Chambres de soldats

Entourées d'épais remparts et de tours, les forteresses romaines sont aménagées très confortablement.

Qu'est-ce qu'une forteresse ?

Ce sont de véritables petites villes situées dans des endroits faciles à défendre, comme le sommet d'une colline par exemple. Elles abritent généralement une légion, soit 6 000 hommes environ. Celui qui la commande installe son quartier général au centre. Autour, sont bâtis sa résidence personnelle, la chapelle dans laquelle sont déposées les enseignes de la légion, les bureaux de l'administration du camp, les greniers dans lesquels est conservée de la nourriture, les cuisines, l'hôpital, les différents ateliers de réparation et d'entretien, les écuries... Devant le quartier général s'élèvent les bâtiments réservés aux soldats.

Les remparts

La forteresse, qui peut être grande comme 25 terrains de football, est entourée d'un rempart épais de 2 à 3 m. La muraille est édifiée avec des matériaux trouvés sur place : des pierres ou des briques en terre. Un chemin de ronde protégé par des créneaux est aménagé au-dessus. Plusieurs tours renforcent les défenses. L'accès se fait par quatre portes solidement fermées. Au pied des murs extérieurs, on creuse un large fossé rendant l'escalade des remparts plus difficile.

Un bâtiment par centurie

Chaque centurie occupe un bâtiment construit en pierre et couvert de tuiles. Les soldats disposent d'un appartement composé de

des forteresses

La forteresse fait vivre de nombreux artisans et commerçants installés à l'intérieur et à l'extérieur des remparts.

deux salles : un dortoir pour dix hommes et une pièce pour ranger le matériel. Les hommes dorment dans des lits superposés. Le centurion est logé dans un appartement plus vaste.

Tout le confort !

Rien à voir avec le camp volant ; dans la forteresse, les soldats bénéficient d'installations privilégiées : des thermes (bains d'eau froide, tiède ou chaude), des toilettes, un hôpital...

De nombreux artisans...

La légion a besoin des services de nombreux artisans : des cordonniers pour les sandales, des fourbisseurs pour nettoyer les armes, des menuisiers pour les installations, des potiers pour la vaisselle, des tisserands pour les vêtements...

... et des agriculteurs

Pour nourrir les soldats, il faut de grandes quantités de blé, de viande, de légumes, d'huile, de vin... Des agriculteurs cultivent des terres et élèvent du bétail pour approvisionner la légion. Les officiers paient les paysans au plus juste prix pour éviter les révoltes.

À l'origine de villes

Les soldats de la garnison disposent d'argent, ils attirent de nombreux commerces : taverne pour se distraire, boucherie et boulangerie... Autour de ces camps fortifiés apparaissent de petites cités. Ainsi sont nées les villes de Strasbourg, en France, ou de Mayence, en Allemagne.

Chaque jour, les soldats de la forteresse s'entraînent et s'exercent au combat.

À l'at

Après avoir consulté les dieux, le général commandant de la légion ordonne à ses légionnaires d'attaquer l'ennemi. Les soldats engagent le combat selon une tactique précise et très organisée.

L'attaque d'artillerie

Avant le combat des légionnaires, les Romains frappent l'ennemi grâce à leurs machines d'artillerie. L'onagre, ou la catapulte, lance des boulets de pierre. Le scorpion, monté sur roues, se déplace facilement et fonctionne comme l'onagre, mais lance des boulets plus petits. La baliste est une sorte d'arbalète montée sur un trépied qui permet de projeter des flèches en fer ou des javelots à plusieurs dizaines de mètres.

Des tactiques très au point

Les premières lignes ennemies se font face. Les Romains lancent leurs javelots puis s'avancent. Pour percer la ligne ennemie, les hommes s'alignent en forme de flèche de manière à former le « coin ». S'ils reçoivent des flèches ou des pierres, ils adoptent la technique de la « tortue ». Ils déploient leurs boucliers devant eux,

Formation en coin — *Rassemblement en « tortue »* — *Protection en cercle*

taque !

L'attaque d'une forteresse est bien préparée et survient souvent après un long siège. Des légionnaires tirent pour protéger les soldats qui vont lancer l'assaut à l'aide du bélier (1) et de la tour en bois (2).

sur les côtés et sur leurs têtes pour se protéger. S'ils sont attaqués de tous côtés, ils forment un cercle.

Des ordres donnés à la trompette

Lorsqu'ils ont lancé leurs deux javelots, les soldats se battent au corps à corps, avec leur épée et leur poignard. Dans cette mêlée bruyante, ils n'entendent pas la voix de leurs officiers. Ceux-ci leur transmettent donc les ordres sous forme de codes donnés par les trompettes des musiciens !

Les cavaliers

Dans la plupart des batailles, leur rôle consiste surtout à pourchasser les ennemis qui cherchent à s'échapper du combat. Mais tout est différent lorsque l'ennemi lui-même lance des cavaliers à l'attaque. La cavalerie doit alors charger l'adversaire, la lance en avant.

Le bélier

Il s'agit d'une poutre de bois terminée par une tête de bélier en bronze ou en fer. Il sert à défoncer la porte ou la palissade en bois de la forteresse à conquérir. Les soldats le tiennent solidement, prennent leur élan et vont frapper violemment l'obstacle à l'abri sous une armature recouverte de peaux (1).

Les tours d'attaque

Pour prendre d'assaut une forteresse, les Romains utilisent des tours de bois, les hélépoles (2). Leur structure en bois est recouverte de plaques de fer ou de peaux. Équipées de roues, elles sont poussées jusqu'au pied des remparts. Les soldats montent à l'intérieur. Ils ouvrent une porte, qui tombe comme un pont-levis (3), et se ruent sur le sommet de la muraille.

Une marin

Les navires de guerre romains sont les plus gros qui aient existé pendant l'Antiquité.

Les Romains apprennent à se battre sur mer à l'occasion des guerres contre les Carthaginois (voir p. 13). Puis leurs galères règnent en maître en Méditerranée.

Combien la marine compte-t-elle de navires ?

Pendant l'Empire, les Romains possèdent 250 navires de guerre. Deux grandes flottes de 60 navires chacune sont basées à l'est et à l'ouest de l'Italie, les autres navires stationnent à Alexandrie en Égypte, en Syrie, sur les côtes d'Afrique du Nord, dans la Manche et en mer Noire.

Des bateaux à voile et à rames

Les navires romains sont propulsés essentiellement par des rames. Les voiles servent à gagner un peu de vitesse quand les vents sont favorables. Les plus nombreuses de ces galères, les *trirèmes*, sont longues de 36 m et larges de 5. Elles possèdent trois rangées de rames actionnées par 170 rameurs. Il existe des *liburnes* à deux rangées de rames, des *quadrirèmes*

La trirème compte trois rangées de rameurs avec un seul homme par rame.

e de guerre invincible

Juste avant l'abordage, les Romains bombardent le navire de flèches, de boulets et projettent même parfois des projectiles enflammés. Puis ils lancent l'assaut.

à quatre rangées, des *quinquérèmes* à cinq rangées et même un *hexère* à six rangées ! Cette dernière galère est réservée à l'amiral commandant la flotte.

Des coques de planches assemblées

La coque des navires est formée de planches assemblées bord à bord. Les marins les dirigent grâce à deux grandes rames placées de chaque côté de l'arrière du navire. À l'avant, la coque se termine par le rostre, un éperon très solide en bronze, qui sert à percer la coque du navire ennemi.

Les batailles navales sont-elles fréquentes ?

Non. Les Romains livrent leurs principales batailles sous la République. Ayant peu à peu vaincu les peuples de la Méditerranée, ils ne connaissent plus de combats maritimes sous l'Empire. La flotte est employée pour transporter les légions sur les champs de bataille et pour protéger les navires de commerce des fréquentes attaques pirates.

Comment sont formés les équipages ?

Les marins s'engagent comme les légionnaires mais pour une période plus longue : 26 ans. Les Romains recrutent essentiellement en Égypte des hommes très pauvres, souvent des esclaves venant juste d'être affranchis (voir p. 55). À la fin de leur service, ils deviennent des citoyens romains.

La technique du combat naval

Les marins font avancer le navire et l'entretiennent mais ils ne combattent pas. Ce sont les légionnaires embarqués sur les galères qui affrontent l'adversaire. La technique de combat consiste à s'approcher du navire ennemi, à le bombarder de boulets de pierre grâce à des catapultes , à s'approcher un peu plus près encore pour tenter de couper ses cordages à l'aide de faux fixées sur un long manche ; puis, enfin, à lancer le corbeau, une passerelle de bois munie d'un croc en fer (voir aussi p. 13). Les légionnaires se ruent alors à l'abordage.

Le triomphe : une

Le jour de triomphe, il s'agit pour l'empereur de montrer son immense puissance au peuple romain.

Lorsque l'armée emporte la victoire, elle revient à Rome et défile dans la ville. Cette cérémonie spectaculaire s'appelle le « triomphe ».

La récompense suprême

Le triomphe récompense un commandant des armées vainqueur. Sous la République, il s'agit d'un des deux consuls. Sous l'Empire, il s'agit de l'empereur lui-même. Ce sont les sénateurs qui décident d'accorder ou non cet honneur suprême. Le très long défilé part du champ de Mars (voir p. 48), traverse les rues de Rome, pour atteindre le sommet du Capitole. Là, devant le temple de Jupiter, des taureaux blancs sont sacrifiés pour remercier le dieu des dieux d'avoir accordé la victoire.

Le cortège de la gloire

Les sénateurs et les magistrats les plus importants de Rome marchent en tête. Ils sont suivis des musiciens. Viennent derrière eux des porteurs qui présentent le butin rapporté du pays vaincu : or, bijoux, statues, armes, animaux rares (éléphants et girafes par exemple)… Des panneaux indiquent le nom des villes

cérémonie grandiose

conquises et parfois même des maquettes en bois représentent leurs principaux monuments. Derrière ce trésor, marchent les bêtes qui vont être sacrifiées en l'honneur de Jupiter. Puis, les chefs des armées ennemies capturés défilent enchaînés. Enfin, précédé de ses licteurs qui assurent sa protection, et entouré de ses soldats, le triomphateur ferme le défilé.

Un général triomphateur

Le glorieux général se tient debout sur son char tiré par des chevaux blancs. Il tient, dans une main, le sceptre d'ivoire surmonté d'un aigle en or et, dans l'autre, une branche de laurier, symbole de la victoire pour les Romains. Un esclave, placé juste derrière lui, tient une couronne de lauriers au-dessus de sa tête.

Dans le défilé, sont montrés les chefs vaincus, humiliés.

Pour remercier Jupiter d'avoir accorder la victoire, des taureaux blancs sont sacrifiés en l'honneur du dieu.

Le triomphateur est alors considéré comme un dieu. Pour qu'il n'oublie pas sa condition d'homme, l'esclave lui dit à l'oreille : « Souviens-toi que tu es mortel. »

L'arc de triomphe

Il symbolise la porte par laquelle les armées entraient dans Rome aux premiers temps de la cité. Couvert de marbre, le monument compte une, deux ou trois ouvertures en forme d'arc. À Rome, plusieurs arcs de triomphe ont été élevés, chacun en l'honneur d'un empereur en particulier.

Qui sont

La vie des Romains est bien différente selon qu'ils appartiennent aux classes riches ou pauvres, selon qu'ils sont citoyens romains ou étrangers, hommes libres ou esclaves.

Les riches et les pauvres

Les sénateurs, les chevaliers et les notables constituent la classe la plus riche de Rome. Ils sont appelés « patriciens ». Ils dirigent les affaires de l'Empire. Petits commerçants, ouvriers, paysans, sans emploi forment la classe la plus pauvre. Ils sont appelés « plébéiens ». Sous la République, ceux-ci ont le droit de vote, mais sous l'Empire, ils n'ont plus aucun pouvoir politique.

Les sénateurs (1)

Leurs lointains ancêtres dirigeaient déjà Rome au temps des rois. Nobles, ils sont aussi les plus riches de la société. À l'époque de Jules César, leur fortune est égale au salaire annuel de 2 000 soldats ! Ils sont propriétaires de somptueuses maisons à Rome, de belles villas à la campagne et d'immenses étendues de terres agricoles. On les reconnaît à leur tunique bordée d'un large liseré pourpre. Ils occupent les postes les plus élevés du gouvernement.

Les chevaliers (2)

Eux aussi sont nobles mais un peu moins riches. Ils portent la tunique blanche avec un liseré pourpre plus étroit que celui des sénateurs. Ils consacrent quelques années de leur jeunesse au commandement de l'armée. Ensuite, ils occupent des postes à responsabilités : gouverneurs de province, juges... L'empereur peut nommer un chevalier sénateur.

Les notables (3)

Ce sont pour la plupart de riches marchands ou d'importants propriétaires de terres... Bien qu'ils ne

les Romains ?

soient pas nobles, leur fortune est toutefois importante. Ils dirigent les affaires des villes dans lesquelles ils vivent. Ils peuvent devenir chevaliers, voire sénateurs.

La plèbe (4)
Les plébéiens, ou la plèbe, sont les Romains les plus pauvres. Une partie d'entre eux n'a même pas de travail : l'empereur leur fait distribuer chaque mois une quantité de blé, parfois un peu d'argent. La plupart se rendent chaque jour chez un sénateur ou un chevalier pour avoir un panier repas et quelques sesterces (monnaie romaine)...

Les étrangers (5)
Ce sont les personnes qui viennent des provinces de l'Empire et ne sont pas citoyens romains. Leur vie est misérable, ils n'ont aucun droit, pas même celui de bénéficier des distributions de l'empereur. Les plus chanceux trouvent du travail, les autres reçoivent les dons de riches Romains.

Les affranchis
Ces hommes et ces femmes sont d'anciens esclaves. Soit leur maître les ont délivrés, soit ils ont réussi à économiser assez d'argent pour acheter leur liberté. Souvent, ils demeurent au service de leur maître et touchent alors un salaire.

Les esclaves (6)
Ce sont des hommes et des femmes faits prisonniers lors des conquêtes de nouvelles provinces. Ils sont vendus aux familles romaines. Chaque famille romaine, même parmi les plus pauvres, possède un ou plusieurs esclaves.

Qu'est-ce que la citoyenneté romaine ?
Est considéré comme citoyen romain, celui qui est né à Rome ou en Italie, celui à qui l'empereur a donné la citoyenneté romaine et celui qui, sous la République, peut voter.

La vie à la

La villa romaine est partagée en deux parties bien distinctes : le luxueux logis du propriétaire et les bâtiments de la ferme.

L'agriculture est une activité importante dans l'Empire romain. Sous la République et sous l'Empire, les terres agricoles appartiennent à de riches familles nobles qui vivent à la ville. Elles sont cultivées par des milliers d'esclaves que dirigent des intendants.

Qui sont les agriculteurs romains ?

À l'époque des rois, de nombreux Romains possèdent quelques champs, cultivent la terre et élèvent des animaux. À partir des conquêtes de la République (voir p. 12) et des guerres contre Carthage, tout change. L'arrivée massive d'esclaves provoque une grave crise économique. En effet, les Romains des villes n'ont plus assez de travail et donc moins d'argent. Les paysans ne peuvent plus vendre leurs produits. Ils sont contraints d'abandonner leurs terres et de partir à la ville pour tenter de trouver du travail. Les terres sont rachetées par de riches familles de nobles.

Les exploitations passent aux mains des plus riches

Sous la République puis sous l'Empire, les empereurs et les nobles possèdent d'immenses propriétés. Ces propriétaires habitent Rome et ne viennent à la campagne, dans leurs somptueuses villas, que l'été pour chercher un peu de fraîcheur. Ils n'exploitent

campagne

Des intendants s'occupent des domaines et donnent les ordres aux esclaves.

pas la terre eux-mêmes, ils confient ce soin à des intendants qui font faire le travail par leurs esclaves. Chaque année, propriétaires et intendants partagent les récoltes et une part (l'impôt) est versée à l'État pour entretenir l'armée.

Qu'est-ce qu'une villa ?

C'est une grande maison bâtie au milieu du domaine agricole. Une partie extraordinairement luxueuse est réservée au propriétaire et à sa famille, l'autre est consacrée à la ferme elle-même. L'habitation compte de nombreuses pièces qui ouvrent sur un jardin intérieur couvert de pelouses, orné de fleurs, d'arbres et comportant souvent une fontaine. La partie agricole comprend les granges pour le matériel, les étables et écuries pour les animaux, les ateliers pour les artisans (forgerons, vanniers...), les greniers et les entrepôts pour les récoltes, le four à pain, le logement des esclaves. Pas étonnant alors que le mot latin « villa » ait donné le mot français « ville » !

Comment vivent les esclaves ?

Dans les fermes, les esclaves sont durement traités. Ils travaillent de longues heures. Le soir, ils sont enfermés dans leur logement, parfois même enchaînés afin qu'ils ne s'échappent pas ! Ils reçoivent pour simple nourriture du pain, des olives, des sauces de poisson, de l'huile, du sel et du vin. Des révoltes éclatent parfois, mais les intendants les répriment sévèrement.

Les labours

Les céréales sont piétinées par des hommes et des chevaux pour séparer les grains de leur enveloppe.

Que cultive-t-on ?

Les agriculteurs romains cultivent des céréales : l'épeautre, une sorte de blé, l'orge, l'avoine, le millet. Ils plantent beaucoup d'oliviers et de nombreuses vignes. Ils s'occupent aussi de multiples vergers de figuiers, pommiers, poiriers, pruniers... et de champs de légumes : carottes, lentilles, fèves, choux...

L'élevage

Beaucoup de champs ne sont pas cultivés. Les bergers y font paître leurs troupeaux. Les chèvres et les moutons sont élevés pour leur peau et leur laine, les bœufs, les chevaux et les mulets pour tirer les charrettes et les chars ; les porcs pour leur viande, les vaches pour leur lait avec lequel on confectionne des fromages. Dans la basse-cour, on garde des coqs et des poules, des canards, des oies...

La préparation de la terre

Pour labourer, les agriculteurs romains utilisent l'araire en bois sur lequel est fixé un soc en fer. L'araire est tiré par des bœufs. Le labour, à l'automne, nécessite trois passages : le premier pour enterrer les restes des plantes récoltées quelques semaines plus tôt ; le second pour aérer la terre et permettre à la pluie de pénétrer dans le sol ; le troisième pour creuser le sillon dans lequel les graines sont semées.

De la moisson au moulin

Pour ces cultivateurs de céréales, la moisson, en été, est importante. Le blé est coupé à la faucille, la moissonneuse (inventée par les Gaulois) est très peu employée. Pour séparer les grains de leur enveloppe, les épis sont battus et piétinés par des hommes et des animaux.

La moissonneuse est inventée par les Gaulois. Les Romains l'utilisent peu.

Une fois le raisin récolté, les esclaves foulent les grappes dans une grande cuve.

Le moulin, constitué de deux énormes meules de pierre, est actionné lui aussi par des esclaves, parfois par des animaux, plus rarement par la force de l'eau.

Les vendanges

Les Romains sont de grands amateurs de vin. Ils ont découvert la culture de la vigne en Grèce et l'ont importée chez eux. À l'automne, les viticulteurs foulent les grappes dans une grande cuve en pierre. Ils écrasent les raisins en les piétinant. Pour leur donner du courage, un musicien joue parfois des airs de flûte. Le jus recueilli est laissé à fermenter dans de grandes jarres en terre. Là, le sucre fermente et se transforme en alcool. Le vin obtenu sera transporté dans des amphores en terre ou des tonneaux en bois, une invention gauloise. À partir du vin, les Romains fabriquent aussi du vinaigre.

L'huile d'olive

À partir des olives écrasées, les Romains obtiennent de l'huile qui est employée pour la cuisine bien sûr, mais aussi pour alimenter des lampes et s'éclairer. Le pressage se fait grâce à des pressoirs en pierre actionnés à la main.

De la cire et du miel

Les Romains ont des ruches. Les abeilles fabriquent la cire, indispensable pour confectionner les bougies et les tablettes sur lesquelles on écrit, et le miel, utilisé pour sucrer les préparations. En effet, à cette époque, on ne connaît pas encore la canne à sucre, ni la betterave à sucre.

Une terrible concurrence

À partir de la fin de la République, les paysans romains subissent la concurrence des produits des provinces conquises : vin de Gaule, blé de Sicile et d'Égypte, olives d'Espagne… vendus moins cher. À la fin de l'Empire, les riches propriétaires séparent leurs domaines et les confient à de petits agriculteurs : soldats à la retraite, citoyens de provinces étrangères, esclaves affranchis.

La cueillette des olives.

Une cité

Sous l'Empire, Rome compte un million d'habitants. C'est la plus grande ville de son époque mais également la plus prestigieuse.

Un million d'habitants

Au IIIe siècle après J.-C., Rome atteint son extension maximum. Elle compte alors un million d'habitants. Ses sept collines sont couvertes de palais, de temples, de thermes. Jamais avant elle une ville n'avait été aussi grande et aussi riche. Les Romains se plaisent à l'appeler « Tête du monde ». Elle est entourée d'un rempart long de 52 km et six ponts de pierre enjambent le fleuve Tibre qui la traverse. Une dizaine d'aqueducs de plusieurs kilomètres de long amènent l'eau jusqu'aux fontaines du centre de la cité.

Le forum, le cœur de la ville...

Au pied des collines du Capitole, du Palatin et du Quirinal, le forum romain (1) est la plus ancienne et la plus belle place de Rome. Entièrement dallée, elle a été construite à l'époque des rois sur un marécage asséché. Elle est le centre de la cité et, par conséquent, le centre de l'Empire. Une borne en marbre et en or, appelée « borne milliaire » (voir p. 85), fixe le point de départ des principales voies romaines qui rejoignent les différentes provinces.

... et le lieu de la vie politique

Sous la République, le peuple se rassemble sur cette place pour écouter les discours des hommes politiques. Les sénateurs se réunissent dans la curie, une grande salle construite

prestigieuse

Le forum, à Rome.

spécialement pour eux sur un des côtés du forum. Sous l'Empire, il n'y a plus d'élections mais les empereurs traversent la place à l'occasion du Triomphe. Des monuments couverts de marbre, ornés de colonnes et richement sculptés, sont édifiés en hommage aux grands hommes de l'histoire romaine. Tout à côté du forum principal, César, Auguste et Trajan font aménager d'autres forums qui portent leur nom.

Le palais de l'empereur
Auguste, le premier empereur, fait construire un palais (2) sur le mont Palatin, là où s'élevaient les premières huttes des paysans latins (voir p. 6). Ses successeurs agrandissent encore cette luxueuse résidence déjà vaste. Des jardins sont aménagés pour apporter un peu de fraîcheur pendant l'été. L'ensemble du palais offre une magnifique façade en demi-cercle longue de 88 m. À l'ombre des colonnades, l'empereur peut voir les courses de char qui se déroulent dans le *Circus Maxime* (3), situé en contrebas.

L'envers du décor
Autour des magnifiques places et monuments de Rome, les rues offrent un visage beaucoup moins beau. Très étroites (elles ne mesurent pas plus de 8 m de large), elles sont encombrées par les étals des commerçants et les charrettes de livraison. Comme la chaussée n'est pas partout pavée, elles sont poussiéreuses l'été et boueuses l'hiver. La nuit, elles ne sont pas éclairées et on y fait souvent de mauvaises rencontres.

Dans la demeure

Dans les demeures des riches familles romaines, tout est prévu pour vivre le plus confortablement possible au milieu de la ville.

Une maison aménagée autour d'un jardin

La demeure d'un riche Romain compte généralement un rez-de-chaussée et un étage. La façade qui donne sur la rue est aménagée en boutiques louées à des commerçants. On entre par une grande porte à deux larges battants de bois décorés de clous.

On pénètre par l'atrium, une grande entrée à ciel ouvert pour laisser passer la lumière. Là, un bassin reçoit les eaux de pluie. En continuant, on parvient au jardin, entouré d'une galerie couverte et souvent décoré d'une fontaine. Les différentes pièces du rez-de-chaussée s'ouvrent sur l'atrium ou le jardin.

L'atrium, une pièce sacrée

C'est dans l'atrium qu'est généralement dressé l'autel consacré aux lares, les dieux qui protègent la maison et ses habitants, et aux pénates, les dieux qui protègent les biens et les réserves de nourriture. On y honore les ancêtres de la famille en accrochant au mur des masques de cire moulés sur leur visage au jour de leur mort.

Salle à manger et cuisine

La salle à manger est constituée de banquettes installées le long des murs et de tables basses dressées au milieu. Dans la cuisine, peu éloignée, les esclaves préparent les repas

d'un riche Romain

Fresques sur les murs, mosaïques au sol, meubles travaillés… les Romains aisés aiment le raffinement.

et cuisent les aliments sur une cuisinière en briques. Comble du confort, les Romains connaissent les toilettes, elles sont aménagées à côté de la cuisine pour pouvoir y déverser les eaux de vaisselle !

Que trouve-t-on comme meubles ?

Des lits de bois avec matelas dans les chambres, des banquettes avec des coussins pour s'allonger durant les repas, des tabourets pliants, des fauteuils en bois de citronnier avec des incrustations d'ivoire ou d'écailles de tortue, des tables basses, des buffets et armoires pour la vaisselle… voilà les meubles des riches Romains. Sans oublier les coffres-forts en bois ou en bronze pour enfermer les objets précieux…

Comment se chauffe-t-on et s'éclaire-t-on ?

Ces luxueuses demeures ont souvent un système de chauffage central comme dans les thermes (voir p. 66). De l'air chaud circule à travers des canalisations installées dans les murs et les sols. On ne connaît pas encore l'électricité mais on utilise des lampes à huile dans lesquelles on fait tremper une mèche en lin.

Briques, pierres et tuiles

À l'extérieur, les murs de la maison sont en pierres ou en briques recouvertes de plâtre peint. À l'intérieur, ils sont décorés de fresques. Le toit est en tuiles de terre cuite. Il n'y a pratiquement jamais de fenêtres sur la rue et, chez les plus riches, les petites fenêtres qui donnent sur le jardin sont fermées par du verre ou des carrés très fins de mica, une roche qui laisse passer la lumière. Le sol est recouvert de mosaïques.

À l'entrée de la maison, figure parfois une mosaïque avertissant de la présence d'un chien.

Vivre en im

En journée, les rues des villes romaines sont très animées.

La plupart des habitants de Rome logent dans de petits appartements situés dans des immeubles à plusieurs étages. Malgré le manque de confort, les loyers sont très élevés.

Jusqu'à dix étages !

L'immense majorité des habitants de Rome ne possèdent pas de belles demeures individuelles. Ils louent très cher à de très riches propriétaires des appartements dans des immeubles appelés « *insulae* ». Ces grandes maisons sont construites en carré autour d'une cour intérieure. Les premiers étages sont construits en pierre et en briques, les étages supérieurs en torchis (de l'argile mélangé à de la paille) et en bois. Les premiers immeubles apparaissent sous la République. Ils comptent alors trois ou quatre étages. Peu à peu, la population augmentant, les immeubles s'élèvent. Les empereurs limitent leur hauteur à 18 m, mais certains atteignent 30 m, soit 10 étages !

Grands et petits appartements

Au premier étage, les logements sont le plus souvent beaux et spacieux. Ils comptent plusieurs grandes pièces : une salle à manger, une ou deux chambres, et ouvrent sur un balcon. Ces appartements sont loués à des Romains qui gagnent assez bien leur vie. Mais, au-dessus, c'est très différent : plus on s'élève en étages, plus les appartements sont petits.

Un confort sommaire

Aucun de ces appartements ne dispose d'arrivée d'eau. Il faut aller la chercher aux fontaines, dans la rue, et la remonter avec des seaux. Il n'y a pas non plus de toilettes. Les locataires doivent aller aux latrines publiques (voir p. 81).

Fourneau portatif.

neuble

Les insulae *sont occupées par des boutiques au rez-de-chaussée, de beaux logements au premier étage et des appartements plus petits et plus modestes aux étages suivants.*

Sans cheminée, difficile de faire la cuisine ; on se sert donc de petits fourneaux portatifs.

Partager les logements entre plusieurs familles

Les Romains vivent beaucoup dans la rue. Ils ne rentrent chez eux que pour dormir. Afin de supporter le coût élevé du loyer, les familles ont tendance à sous-louer une partie de leur logement à d'autres familles. Ces logis, déjà petits, abritent ainsi de nombreuses personnes qui s'entassent dans l'inconfort et un manque d'hygiène général.

Les caves, situées au sous-sol, servent de refuge aux plus démunis, sans abris.

Des fenêtres sans vitres

Ces immeubles étant construits très près les uns des autres, la lumière du jour pénètre mal dans les appartements. C'est pour cette raison que les fenêtres sont grandes. Hélas, elles n'ont pas de vitres. Elles sont fermées par des volets en bois qui ne protègent pas du froid. L'hiver, seuls des braseros, des récipients dans lesquels on fait des braises, permettent de se chauffer.

Des incendies ravageurs

Les fourneaux portatifs, les braseros et les lampes à huile sont à l'origine de nombreux incendies qui dévastent les immeubles et font beaucoup de victimes, malgré la création d'un corps de pompiers par l'empereur Auguste.

Les esclaves et

Le marché aux esclaves. Les familles les moins riches possèdent un ou deux esclaves ; les plus riches en ont parfois une centaine.

Comme beaucoup de peuples de l'Antiquité, les Romains possèdent des esclaves. Sous certaines conditions, ils peuvent retrouver leur liberté, on les appelle des affranchis.

Qui sont les esclaves ?

L'immense majorité des esclaves est constituée d'hommes, de femmes et d'enfants faits prisonniers pendant une guerre. D'autres sont des enfants qui ont été abandonnés par leurs parents. Les enfants d'une esclave deviennent eux-mêmes esclaves. Un citoyen romain endetté peut devenir l'esclave de la personne à qui il doit de l'argent.

L'esclave appartient à son maître

L'esclave n'a aucun droit. Son maître peut l'acheter, le louer ou le vendre, le battre et même le tuer. Les esclaves n'ont pas le droit de se marier. Toutefois, beaucoup de maîtres acceptent qu'un homme et une femme esclaves aient des enfants puisque ceux-ci deviennent eux-mêmes exploités.

Le marché aux esclaves

À Rome et dans les grandes villes, des marchands vendent les esclaves sur les marchés. La vente se fait aux enchères. La valeur dépend surtout du sexe et du métier ou des tâches que l'esclave peut effectuer : de 2 000 sesterces en moyenne, le prix peut atteindre un million pour un médecin !

Les esclaves pratiquent tous les métiers ou presque. À la campagne, ils cultivent la terre, travaillent dans les carrières ou dans les mines. À la ville, ils sont serviteurs mais aussi médecins, artistes…

les affranchis

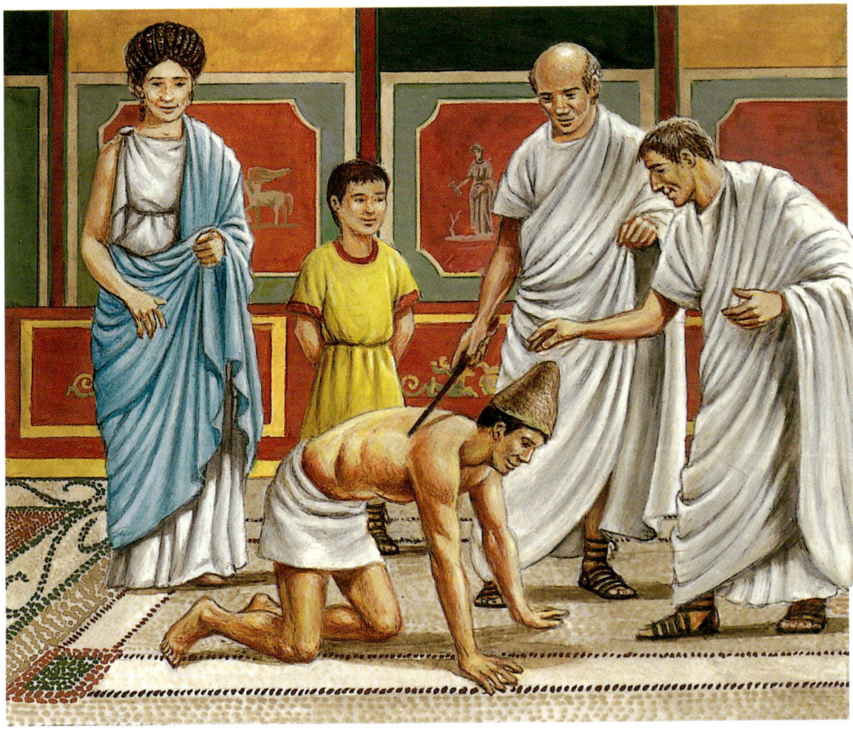

Le bonnet phrygien que porte l'esclave au moment de son affranchissement est aujourd'hui encore symbole de liberté.

Comment un esclave peut-il retrouver la liberté ?

Le maître ayant tous les droits sur son esclave, il peut donc le libérer, par amitié par exemple. L'esclave peut aussi acheter sa liberté. Pour cela, il amasse sou par sou. Ce n'est pas facile car l'esclave n'a pas de salaire et sa liberté coûte très cher. Son argent ne peut provenir que de récompenses exceptionnelles. Seuls les esclaves des familles riches peuvent espérer réunir la somme nécessaire.

L'affranchissement

L'esclave est affranchi lors d'une cérémonie officielle organisée dans la maison de son maître. Il reçoit un coup de baguette sur l'épaule, il est coiffé d'un bonnet phrygien puis on lui donne un nouveau nom. Il est libre mais il ne sera jamais un citoyen romain, à la différence de ses enfants qui le deviendront. L'affranchi reste souvent au service de son ancien maître et peut alors toucher un salaire. Quelques affranchis occupent des places très importantes dans la société romaine.

Comment sont traités les esclaves ?

Comme les esclaves coûtent cher, leurs maîtres les respectent. En ville, ils sont généralement bien traités. Il en va tout autrement à la campagne et en particulier dans les mines, où les esclaves travaillent très durement.

Sur ce collier que l'esclave ne peut pas enlever, le maître a fait graver son nom et son adresse. L'esclave a peu de chances de s'enfuir sans être retrouvé.

La femme romaine

Fresque montrant des femmes romaines. Plus libres que les Grecques, les Romaines peuvent sortir sans leur mari.

Au cours de l'histoire romaine, les femmes obtiennent de nombreux droits. Elles peuvent ainsi diriger elles-mêmes leurs affaires sans l'autorisation de leur mari.

Des droits conquis au fil du temps

Aux origines de Rome, la femme est considérée comme une enfant. Elle doit obéir à son père puis, une fois mariée, à son mari. Celui-ci a le droit de répudier son épouse, c'est-à-dire de la chasser de la maison. Mais l'épouse, elle, ne peut pas demander le divorce. Sous l'Empire, peu à peu, les choses changent. Les femmes obtiennent le droit de divorcer et de conserver leur dot, c'est-à-dire la somme d'argent que leur donne leur famille quand elles se marient.

Une certaine liberté

Les Romaines qui ne sont pas esclaves ont aussi le droit de tenir une boutique ou de faire du commerce. En revanche, les femmes n'ont jamais obtenu de droits en ce qui concerne la politique. Elles n'avaient pas le droit de voter sous la République, ni le droit d'exercer des fonctions publiques, sénateur par exemple. Les Romaines ne restent pas enfermées à la maison, elles disposent d'une certaine liberté, ainsi elles prennent part aux banquets, participent aux fêtes, vont au théâtre, assistent aux jeux du cirque et peuvent sortir seules faire les courses.

Qu'est-ce qu'une matrone ?

Il s'agit d'une femme mariée, généralement mère de famille, qui élève ses enfants et s'occupe de son foyer.

Les Romaines ont souvent plusieurs esclaves à leur service.

Le mariage

Les jeunes époux se serrent la main en signe d'union. Ils portent déjà une alliance qu'ils se sont donnée à leurs fiançailles.

Le mariage des jeunes filles peut se décider dès l'âge de douze ans mais elles ne se marient généralement que vers dix-huit ans. Les garçons attendent le plus souvent l'âge de vingt-cinq ans.

Mariages arrangés

Aux premiers temps de Rome, les mariages étaient arrangés entre le père du futur époux et celui de la jeune fille à marier. Mais sous l'Empire, peu à peu, après que les femmes ont acquis des droits, les époux se choisissent.

Une mariée en orange

Le jour du mariage, la future épouse a les cheveux tressés. Elle s'habille d'une toge blanche nouée à la ceinture et couvre ses épaules d'un manteau orange. Ses cheveux sont recouverts d'un voile également jaune-orangé sur lequel est déposé une couronne de fleurs.

La cérémonie

Le sacrifice d'un animal est pratiqué devant l'autel de la maison de la mariée pour que les dieux veillent sur les futurs époux. Puis les fiancés se présentent devant une mère de famille, une matrone. Celle-ci prend leurs mains droites et les joint. Les fiancés se promettent ainsi fidélité et deviennent mari et femme.

La fête jusqu'au soir

La cérémonie a lieu le matin. Le repas, qui est servi dans la journée, dure jusqu'à ce qu'apparaisse l'étoile du berger dans le ciel. Les mariés gagnent alors leur maison suivis des invités qui forment un cortège. Devant la porte, le marié prend son épouse dans ses bras pour en franchir le seuil.

Les enfants

Les couples romains ont peu d'enfants, le plus souvent deux ou trois. C'est un choix, c'est dû aussi aux nombreux décès de bébés dans les premiers mois de vie.

La grossesse

Les Romaines les plus riches prennent soin d'elles-mêmes pendant leur grossesse, elles surveillent leur nourriture, évitent les efforts physiques et se font masser. Toutes les futures mamans, même les plus pauvres, portent des amulettes (bijoux porte-bonheur) autour de leur ventre ou de leurs jambes.

Le jour de la naissance

Les enfants naissent à la maison. Quand c'est possible, une sage-femme vient aider la maman qui accouche assise dans un fauteuil adapté.
Dès sa naissance, le bébé est lavé et emmailloté.
Le nouveau-né est aussitôt posé aux pieds du mari. Si celui-ci prend le bébé dans ses bras, c'est qu'il le reconnaît comme son enfant. S'il laisse le bébé au sol, c'est qu'il ne le reconnaît pas. L'enfant sera abandonné. S'il a de la chance, il sera recueilli par une autre famille, sinon il peut être emporté par un marchand d'esclaves ou pire mourir de faim ou de froid.

Un nom et un prénom

Le garçon reconnu porte un prénom, par exemple Jules, suivi du nom de son père, par exemple Flavius.
La petite fille ne reçoit pas de prénom, elle porte juste le nom de son père que l'on met au féminin. La fille de Cornelius s'appellera Cornelia. Si elle a une petite sœur, l'aînée prendra le nom de Cornelia Major, la cadette s'appellera Cornelia Minor.

Dans les familles aisées, c'est souvent une nourrice qui allaite le jeune enfant sous le contrôle de la mère.

de la famille

Un médaillon porte-bonheur

On attache une petite boule, la « bulla », au cou du bébé. C'est une amulette censée chasser les mauvais esprits et protéger l'enfant contre les maladies. Dans les familles riches, cette boule est en or, chez les pauvres, elle est en cuivre ou en cuir. Le garçon la retire lorsqu'il devient majeur et la jeune fille lorsqu'elle se marie.

À chacun son éducation

Le père s'occupe de l'éducation de ses fils. Il leur apprend tout ce qu'un homme et un citoyen romain doit savoir : bien se tenir, s'occuper de ses affaires, respecter la religion. Dès l'âge de dix à douze ans, le garçon accompagne son père au forum où il suit les discussions passionnées sur la politique (1). La mère assure l'éducation des filles. Elle leur apprend à soigner leur toilette, à tenir une maison, à diriger les servantes, à préparer une réception (2)...

L'entrée dans l'âge adulte

À dix-sept ans, le jeune homme quitte le monde de l'enfance et devient majeur. Cet événement donne lieu à une cérémonie. Le garçon dépose sa « bulla », la tunique qu'il porte depuis son enfance et quelques-uns de ses jouets sur l'autel des Lares, les dieux de la maison. Parfois, il peut même déposer les premiers poils de sa barbe qu'il a rasés. Il se drape alors dans une toge toute blanche appelée « toge virile ». Ensuite, avec son père et quelques amis, il va au temple de Jupiter déposer une pièce d'or en offrande à Juvenia, la déesse de la Jeunesse. Quant à la jeune fille, elle quitte le monde de l'enfance à son mariage.

À 17 ans, rasé et vêtu de la toge virile, le jeune homme peut commencer sa vie d'adulte.

Apprendre

Les maîtres ont la réputation d'être sévères et peuvent parfois donner des coups de bâton ou de fouet.

L'école commence à sept ans. Tous les enfants des familles riches y vont ; ceux des familles modestes, hélas, sont peu nombreux à s'y rendre.

Que fait-on à l'école ?

Dès l'âge de 7 ans, garçons et filles de familles riches apprennent à lire, écrire et compter. Les écoliers parlent deux langues : le latin et le grec. Les élèves les plus doués poursuivent leurs études dans les prestigieuses écoles de Grèce. Ils étudient les mathématiques, la géométrie, la philosophie, l'architecture...

Qui sont les professeurs ?

Jusque sous l'Empire, c'est le père de famille qui fait la classe à ses enfants. À partir du IIe siècle, l'enseignement est confié à des professeurs d'origine grecque et souvent des esclaves. Les professeurs sont sévères et n'hésitent pas à donner des coups de fouet aux mauvais élèves ou aux enfants désobéissants.

Où se déroulent les cours ?

Ils sont le plus souvent donnés à domicile par l'esclave employé par la famille ou dans une école installée sur la place centrale de la ville. Les enfants vont à l'école accompagnés d'un esclave qui porte leurs affaires et les aide à réciter leurs leçons. La classe commence très tôt le matin et s'arrête à midi.

Le matériel de l'écolier

Les feuilles de papyrus viennent d'Égypte et coûtent cher. Elles sont réservées à la copie des livres. Pour la classe, on préfère des tablettes de bois recouvertes de cire dans lesquelles on grave à l'aide de stylets. Pour effacer, il suffit de lisser la cire. On apprend à compter, à l'aide de bouliers.

Pour compter, les élèves utilisent un boulier. Les boules indiquent les unités, les dizaines et les centaines.

et s'amuser

Poupées, balles, billes, cerceaux… Les jeux favoris des petits Romains existent toujours.

Les jeux et les jouets des petits Romains ressemblent beaucoup à ceux que nous connaissons aujourd'hui.

Petits animaux en bois, en terre ou en métal

Bébé, l'enfant reçoit des hochets. Dès qu'il commence à marcher, il joue avec des petits animaux sculptés en terre, en bois ou en plomb. Certains de ces petits sujets sont même munis de roues.

Cerceaux, toupies, osselets

Les enfants s'amusent à faire rouler des cerceaux et tourner des petites toupies. Ils jouent aussi parfois aux osselets (des petits os gravés de chiffres) dont ils se servent comme de dés pour obtenir des suites de chiffres selon des règles établies.

Des billes et des balles

Les jeunes aiment disputer des parties de billes, en terre ou en verre. Quand ils n'ont pas de billes, ils prennent des noix. Les jeux de balle et de ballon ont aussi un grand succès. Les ballons de l'époque sont faits d'une enveloppe de cuir remplie avec des plumes, des poils ou du sable.

Des poupées articulées

Les poupées les plus simples, en tissu, sont rembourrées de plumes ou de chiffons. Les plus belles sont sculptées dans du bois précieux et ont même parfois des jambes et des bras articulés.

Les jeux de société

Les petits Romains connaissent aussi des jeux de société avec des règles à respecter. On a retrouvé des jeux composés de tablettes divisées en cases où l'on devait certainement déplacer des pions.

Les Romains

Vêtements, coiffures, maquillage… Les Romains, hommes et femmes, accordent beaucoup de soin à leur apparence.

La tunique, courte pour les hommes (1)…
Ce vêtement appelé *peplum* est le plus simple qui soit : deux morceaux de tissu, le plus souvent en laine, sont cousus ensemble aux épaules et sur les côtés. La tunique a des manches courtes et s'arrête au-dessus du genou. C'est le vêtement de tous les jours pour les hommes et les enfants. On l'attache à la taille par une ceinture. Cette tunique peut être recouverte du *pallium* (2), de la toge ou du *paenula* (4), un manteau à capuche.

… et longue pour les femmes (5)
La tunique des femmes descend jusqu'aux chevilles. Elle est resserrée par une ceinture à la taille et sous la poitrine. Par-dessus, les femmes s'enveloppent d'un châle de laine avec lequel elles peuvent se couvrir la tête (6).

La toge, un vêtement de cérémonie (3)
Ce vêtement est constitué d'un grande pièce de tissu en laine fine. Elle est coupée en demi-cercle et longue de 6 m ! C'est tout un art de la revêtir de manière à ce que les plis soient les plus élégants possible. Pour marcher, on porte les plis sur le bras gauche, la main droite doit rester libre. La toge est l'équivalent du costume aujourd'hui : les personnages importants la portent tous les jours, les hommes plus simples la revêtent uniquement les jours de cérémonie. La toge est le vêtement des citoyens romains. Les étrangers et les esclaves n'ont pas le droit de la revêtir.

soignent leur toilette

Les chaussures
Seuls les citoyens romains en portent. Les esclaves vont, pour la plupart pieds nus. Dans la vie de tous les jours, les Romains se chaussent de sandales ouvertes. L'hiver, ils portent plutôt des chaussures en cuir fermées par un lacet.

Les cheveux
Les hommes ont les cheveux coupés court. Le plus souvent, ils n'ont ni moustache ni barbe. Chaque matin, ils aiment se faire raser chez le *tonsor*. Les femmes gardent leurs cheveux très longs. Elles les coiffent en tresses afin de confectionner des chignons très hauts et très élaborés. Pour les rendre plus étonnants encore, les femmes ajoutent des cheveux achetés auprès d'esclaves. Pour obtenir des boucles, elles utilisent des fers à friser qu'elles font chauffer sur des charbons ardents. Elles se coiffent avec des peignes en os ou en ivoire d'éléphant. Dans les maisons riches, une esclave est employée uniquement à la coiffure de sa maîtresse.

Maquillage et parfums
Riches ou moins riches, les Romaines sont très coquettes. Elles aiment avoir la peau très blanche et appliquent sur leur visage une poudre à base de plomb qui peut entraîner de graves infections de la peau. Elles peignent souvent leurs lèvres d'un rouge vif réalisé à l'aide d'une algue, le ficus, et d'un coquillage, le murex, séchés et réduits en poudre. Enfin, elles enduisent leurs cils d'une poudre préparée avec de la suie de cheminée ! Elles se parfument avec des huiles aux essences de fleurs et de plantes.

Les Romaines aiment les chignons. Elles les confectionnent parfois avec des perruques, ce qui leur permet de changer de couleur de cheveux !

Les repas

Le midi, les Romains qui le peuvent aiment prendre leur repas dans une taverne (voir p.90).

Les Romains aiment les plaisirs de la table, mais seuls les plus riches peuvent s'offrir des plats variés, épicés et raffinés.

Trois repas par jour

Vers 8 heures, les Romains prennent un petit déjeuner très simple : de l'eau, du pain et quelques fruits. Autour de midi, ils avalent un morceau de viande avec du pain et des fruits. Le vrai repas, c'est celui du soir, la *cena*, servi à partir de 17 heures, au retour des thermes (voir p. 66/67). Dans les maisons les moins riches, on sert des légumes accompagnés d'un morceau de lard et de bouillie de blé. Pour beaucoup de pauvres, ce repas est préparé avec les aliments distribués par l'empereur ou rapportés de chez un riche Romain.

Une cuisine épicée

La cuisine romaine est particulièrement relevée. Les cuisiniers n'hésitent pas à employer de nombreux épices et condiments venus de toutes les provinces de l'Empire et parfois d'au-delà : du poivre, du cumin, de la moutarde... Les Romains arrosent aussi copieusement leurs plats d'une sauce très forte en goût (le *garum*) préparée à base de poisson et d'aromates. Cette sauce coûtant très cher, seuls les plus fortunés peuvent l'acheter.

Le plus ancien livre de cuisine !

Des recettes de cuisine romaines sont parvenues jusqu'à nous grâce à Apicius. Ce Romain passionné de gastronomie est né en 25 av. J.-C. Il a écrit un livre de cuisine, le plus ancien connu de l'Histoire. Il explique ainsi comment préparer des recettes extravagantes à base de langues de flamands roses ou de tétines de truie !

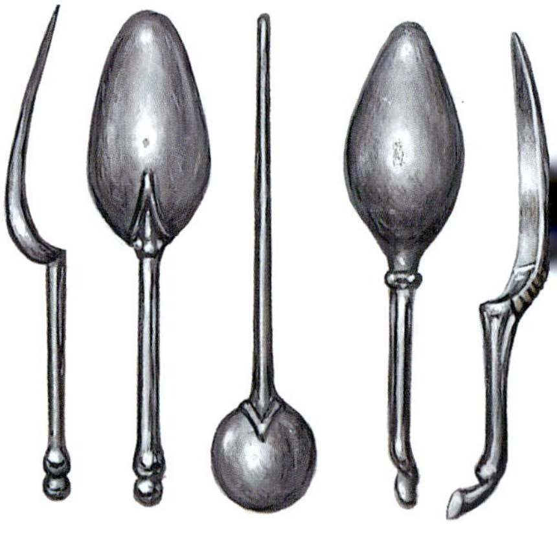

Les couverts en argent, comme ceux-ci, sont réservés au service. Les Romains mangent avec les doigts.

Des festins incroyables

Les Romains fortunés aiment surprendre leurs amis avec des plats raffinés, copieux, à base de spécialités parfois rapportées de très loin.

Les riches Romains sont capables de dépenser de véritables fortunes pour offrir de formidables festins à leurs amis.

Manger couché

Les invités arrivent après le bain, entre 16 et 17 heures. Le maître de maison les fait entrer dans la salle à manger, le *triclinium*. Des banquettes disposées en « U » autour de tables basses accueillent les convives. Il n'y a pas de couverts. Chacun se sert avec les doigts. Un esclave passe régulièrement avec un récipient rempli d'eau pour que les invités se rincent les doigts.

Un menu aux plats les plus variés

Le banquet commence par des entrées composées d'œufs, de légumes en salade, de crustacés et de coquillages. Viennent ensuite les plats de viande les plus divers : bœuf, porc, volailles et gibiers de toutes sortes. On sert également des poissons : du thon, du hareng, de l'esturgeon... Puis on termine par les desserts, flan saupoudré de poivre, fruits frais, sorbets fabriqués à partir de glace rapportée des montagnes. Le repas est arrosé de vin servi avec de l'eau.
Ces dîners sont si copieux et les invités si gourmands, que pour pouvoir ingurgiter tous les plats les convives quittent régulièrement la table et vont se faire vomir, puis ils continuent leur repas.

Musique !

Le dîner s'achève par un spectacle. Musiciens, danseuses, équilibristes, poètes viennent divertir les invités. Très tard dans la nuit, quand ses amis repartent, le maître de maison partage les restes du repas que chacun emporte dans sa serviette.

Le plaisir

Les bains sont chauffés par un ingénieux système de chauffage par le sol que des esclaves sont chargés de faire fonctionner.

Les Romains font très attention à leur corps. Chaque après-midi, ils passent plusieurs heures aux thermes pour se baigner, se laver, se relaxer, faire du sport…

Des thermes dans chaque ville

La majorité des Romains n'ont pas de salle de bains dans leur villa. Ils se lavent aux thermes. Dans ces établissements, ils passent souvent de longues heures agréables et reposantes. Ils rencontrent leurs amis, déjeunent, boivent un verre, font du sport, lisent des livres… Chaque ville romaine possède au moins un de ces établissements. À Rome, on en compte un millier ! Les plus grands thermes construits par l'empereur Dioclétien peuvent accueillir trois mille baigneurs !

Trois salles, de la plus froide à la plus chaude

Le baigneur passe d'abord au vestiaire. Il dépose ses vêtements et prend avec lui son nécessaire de bain : son flacon d'huile d'olive parfumée, son éponge, son strigile (une sorte de grande lame) et son patère (un récipient pour puiser l'eau). Il chausse des sandales en bois pour ne pas se brûler sur le sol chauffé, puis il va se baigner dans l'eau glacée du bassin de la salle appelée *frigidarium*. Très vite, il entre dans la pièce appelée *tepidarium* où il se baigne dans de l'eau chauffée à 25 °C. Enfin, il entre dans la pièce appelée *caldarium* où l'eau

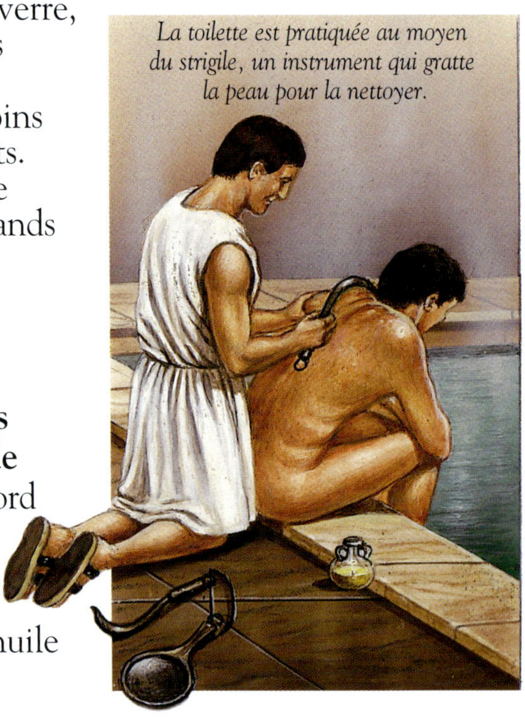

La toilette est pratiquée au moyen du strigile, un instrument qui gratte la peau pour la nettoyer.

des thermes

Cette mosaïque montre des femmes faisant du sport aux thermes. Elles semblent porter des maillots de bain quasiment à la mode d'aujourd'hui.

est chauffée à 40 °C soit une température plus élevée que celle du corps. C'est là qu'il se lave.

Les Romains connaissent-ils le savon ?

Non, les Romains se lavent d'une manière très particulière. Le baigneur s'assoit au bord du bassin. Un esclave lui enduit le corps d'huile d'olive parfumée. Sous l'effet de la chaleur, les petits trous de la peau (pores) s'ouvrent. Le baigneur transpire beaucoup. L'huile et la sueur se mélangent à la saleté que l'esclave enlève à l'aide du strigile (page de gauche). Puis le baigneur s'asperge d'eau pour se rincer. Ensuite, il repasse dans les salles fraîches. Ainsi lavé, il peut aller plonger et nager dans la grande piscine extérieure.

Chauffer les thermes

Dans les thermes, il faut chauffer l'eau des bassins mais également l'air des différentes pièces. Au sous-sol, plusieurs feux de bois sont allumés. Ceux-ci chauffent le sol et des réservoirs d'eau qui alimentent les différents bassins. Ces foyers chauffent également l'air qui circule dans des passages aménagés dans le sol et dans les murs.

Des esclaves travaillent dans des conditions épuisantes pour entretenir ces feux toute la journée. Lorsque la situation géographique le permet, les thermes sont installés près de sources naturelles d'eau chaude.

Du sport aux thermes

Les Romains aiment les corps musclés. Pour entretenir leur condition physique, les hommes pratiquent la lutte, la course, le lancer du disque. Les femmes lèvent des haltères et font des jeux de balle. Aux thermes, de grandes salles sont réservées à ces activités.

Massage, épilation, sauna...

Après sa séance de sport et son bain, le baigneur aime se faire masser et se faire enduire le corps d'huiles parfumées. Régulièrement, hommes et femmes se font épiler. Dans certains thermes, on peut également profiter de la chaleur très élevée du *sudatorium*, une sorte de sauna.

Les jeux

Le public raffole des chasses pendant lesquelles des animaux affamés s'attaquent aux combattants.

Les jeux sont la distraction préférée des Romains. Les empereurs et les personnages politiques importants dépensent des fortunes pour les organiser.

Où se déroulent les jeux ?

Ils ont lieu dans les amphithéâtres. Ce sont des constructions ovales entourées de gradins. La piste centrale est constituée d'un plancher de bois recouvert de sable. Chaque grande ville de l'Empire possède son amphithéâtre. Le plus grand du monde romain, le Colisée de Rome, est construit au IIe siècle. Il peut accueillir 50 000 spectateurs. Sous la piste, sont aménagées les cages des animaux et les cellules des prisonniers. Des monte-charges actionnés avec des cordes permettent de faire apparaître les animaux et les combattants.

Un cadeau de l'empereur à tous les Romains

L'empereur et les riches hommes politiques offrent les jeux au peuple pour des grandes occasions, comme une cérémonie de triomphe par exemple. Les jeux peuvent alors durer plusieurs jours. L'entrée de l'amphithéâtre est gratuite. L'empereur prend place dans une loge officielle. Les citoyens romains s'assoient dans les gradins les plus bas, les femmes et les esclaves dans ceux placés tout en haut. Le programme se déroule généralement en trois parties : des chasses le matin, des divertissements avec des comédiens et des musiciens le midi, et des combats de gladiateurs l'après-midi.

du cirque

Dans de grands bassins aménagés tout spécialement, les Romains organisaient des batailles navales, comme on peut le voir sur cette gravure du XVIIIe siècle.

Que sont les chasses ?

Dans l'arène, des combattants chasseurs doivent affronter et mettre à mort des animaux sauvages affamés. Le public est véritablement fasciné par les bêtes sauvages venues d'Afrique, lions, tigres, léopards, éléphants, rhinocéros et crocodiles, ou du nord de l'Europe tels que les ours. Des décors reconstituent la nature dans laquelle ils vivent. Les animaux, restés plusieurs jours sans nourriture, sont particulièrement agressifs et beaucoup de chasseurs y perdent la vie. Comme les gladiateurs, ces hommes sont des condamnés à mort et des esclaves, parfois des hommes libres, voire des personnages importants. Les chasseurs affrontent généralement les animaux avec un épieu muni d'une pointe de fer. Certaines chasses opposent les animaux directement entre eux. Des chasses ont entraîné la mise à mort de plusieurs centaines d'animaux.

Les exécutions de chrétiens

Quand la religion chrétienne se répand, à partir du IIe siècle, les empereurs font arrêter des centaines de fidèles. Ces malheureux sont livrés aux fauves (voir ci-contre). Ils sont attachés à des poteaux montés sur des chariots qui sont poussés au milieu de l'arène. Leur mort, particulièrement cruelle, est quasi certaine.

Des combats de galères

Pour se distraire, les Romains organisent même de véritables combats de galères, les naumachies. D'immenses bassins sont creusés pour recevoir les embarcations. Les équipages, constitués de prisonniers et d'esclaves, combattent jusqu'à la mort.

Le supplice des chrétiens.

Les combats de gladiateurs enthousiasment la foule

Le public romain adore ces hommes qui s'affrontent dans des luttes sans merci qui peuvent les mener jusqu'à la mort, sauf si la foule leur accorde grâce...

Qui sont les gladiateurs ?

La plupart de ces hommes sont des prisonniers de guerre, des esclaves, des criminels. Pourtant, certains sont des hommes libres qui ont choisi de combattre au péril de leur vie. Ils espèrent ainsi se couvrir de gloire et de richesses. Ils signent un contrat dans lequel il est écrit qu'ils acceptent de mourir dans l'arène. Jusqu'au IIIe siècle, des combats de femmes étaient aussi organisés.

Des athlètes entraînés

Avant de se présenter dans l'arène, les gladiateurs s'entraînent longuement et durement dans des écoles. Il en existe dans les grandes villes de l'Empire et quatre à Rome. Les combattants apprennent à manier l'épée avec des armes en bois contre des mannequins de paille. Ils ont droit à de grandes quantités de pain et de viande pour développer leurs muscles.

« Ave César »

À leur entrée dans l'arène, les gladiateurs se réunissent au pied de la tribune officielle. Ils vont saluer l'empereur en criant : « Ave César, ceux qui vont mourir te saluent. » Puis, les deux combattants de chaque duel sont tirés au sort. Pour rendre le

Les gladiateurs combattent sous l'œil attentif d'un arbitre. Les duels sont sanglants et impitoyables mais la foule adore ces spectacles et s'enthousiasme vivement dans les gradins.

spectacle encore plus palpitant, les combattants ne disposent pas tous des mêmes armes : un trident et un filet pour le rétiaire ; une épée courbe pour le thrace... Le plus extraordinaire de tous est l'andabate : entièrement couvert d'une cuirasse avec un casque sans ouverture, il combat sans voir son adversaire !

Le public accorde ou non sa grâce

Chaque duel se déroule sous le contrôle d'un juge arbitre. Tous les coups sont permis. Le combat va jusqu'à la mort mais, s'il le peut encore, le combattant blessé lève la main pour demander grâce au public. Les spectateurs peuvent alors se prononcer : ils lèvent le pouce pour accorder la grâce, ils le tournent vers le sol pour la refuser. L'empereur a le dernier mot. Si la grâce est refusée, le gladiateur vainqueur met à mort son adversaire.

Une formidable renommée

Le gladiateur vainqueur dispute généralement un nouveau duel. S'il en gagne plusieurs au cours de l'après-midi, il reçoit des récompenses : une palme, une forte somme d'argent, des cadeaux et, surtout, il bénéficie d'une immense renommée. Ainsi, son portrait est dessiné sur les murs de la ville et le public attend alors avec impatience les prochains jeux où il combattra. Un gladiateur « vedette » dans une ville de province peut être envoyé combattre à Rome ! Réussite suprême : retrouver sa liberté pour les prisonniers ou les esclaves combattants. Les hommes libres convoitent quant à eux l'immense fortune que peut leur apporter la victoire.

L'empereur a observé l'avis du public. Il lève le pouce. Le gladiateur qui a demandé grâce aura la vie sauve.

Les courses de char

Les accidents de char sont fréquents et peuvent être très graves.

Passionnés de courses de chars, les Romains parient sur leurs favoris et les conducteurs victorieux peuvent devenir de vraies vedettes !

Où se déroulent les courses ?

Elles sont organisées dans les cirques. Le plus grand de tous, le cirque Maxime, à Rome, est long de 625 m et ses gradins peuvent accueillir 250 000 personnes. Au milieu, s'élève une séparation appelée *spina*.

Qui sont les auriges ?

Ce sont les conducteurs de chars, des hommes libres qui courent sous les couleurs de l'écurie de l'empereur ou de nobles très riches. Sélectionnés très jeunes, ils suivent un long apprentissage.

Le Circus Maxime de Rome fut le plus grand de tous les cirques du monde. Il couvrait une superficie équivalente à une quinzaine de terrains de football.

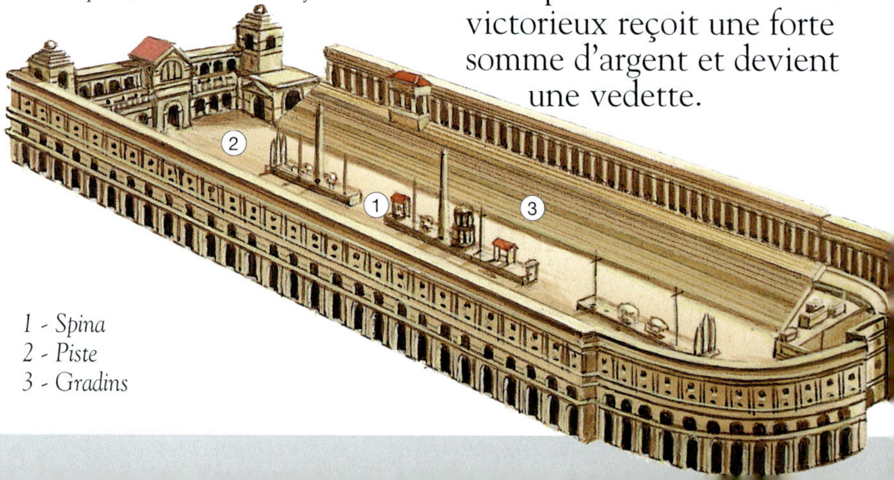

1 - Spina
2 - Piste
3 - Gradins

Comment se déroule l'épreuve ?

Huit chars tirés par deux, quatre ou six chevaux s'alignent dans les stalles de départ. Au signal, les portes s'ouvrent. Les chars s'élancent. Ils effectuent sept tours de piste, soit environ 8 km. À chaque tour, on abaisse un des sept dauphins et un des sept œufs en bronze placés sur la *spina*. Les spectateurs savent ainsi en permanence où en est l'épreuve.

De nombreux accidents

Le cocher est debout. Les rênes sont attachés autour de sa taille. Les chars risquent à tout moment de se heurter et de cogner les murs de l'arène. En cas d'accident, le cocher doit vite prendre son poignard et couper les rênes. Sinon, il est traîné par les chevaux et risque la mort. Le cocher victorieux reçoit une forte somme d'argent et devient une vedette.

Le plaisir du théâtre

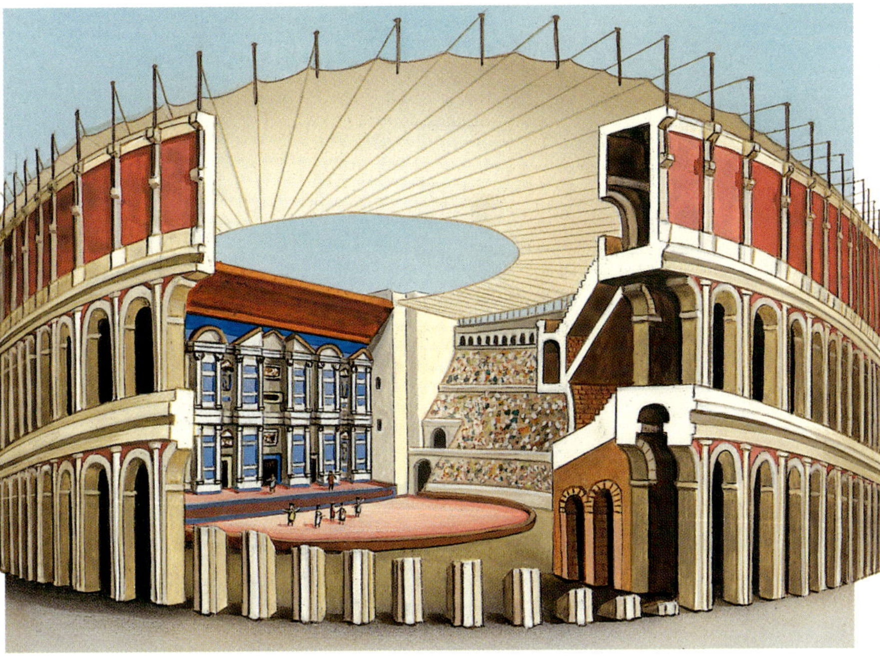

Voici un théâtre romain en coupe. On distingue le décor et la scène. Une gigantesque toile est tendue au-dessus des gradins pour protéger les spectateurs du soleil et pour que les voix des acteurs s'entendent mieux.

Les Romains aiment le théâtre. Comme pour les jeux, l'entrée est gratuite.

Qui sont les acteurs ?

Ce sont des esclaves ou des affranchis. Ni les citoyens romains ni les femmes n'ont le droit d'être comédiens. Les troupes sont constituées uniquement d'hommes qui interprètent tous les rôles. Seules quelques troupes de mimes comptent des danseuses. À l' origine, le théâtre fait partie des cérémonies religieuses. Peu à peu, les pièces racontent des histoires comiques ou des légendes tragiques inspirées de la mythologie.

Chacun sa place

Le théâtre est construit en demi-cercle. Une gigantesque toile est tendue au-dessus pour protéger les spectateurs du soleil et pour renvoyer les voix des acteurs. D'abord en bois, les théâtres sont ensuite construits en pierre. Le plus grand de tous peut accueillir 14 000 personnes. Chacun à sa place : les sénateurs aux premiers rangs, puis, au-dessus, les chevaliers (voir p. 42/43), les plébéiens les plus aisés et, tout en haut, les plus pauvres, les étrangers et les esclaves. C'est un riche Romain qui offre la représentation. L'entrée est gratuite.

Les mêmes personnages

Dans les pièces, on retrouve toujours un vieillard, un jeune homme, un esclave... Ils sont faciles à reconnaître : le vieillard porte généralement une perruque de cheveux blancs, l'esclave a des cheveux roux, le jeune homme des cheveux blonds.

Ce détail d'une mosaïque montre des masques d'acteurs. Ils permettent aux comédiens de jouer plusieurs personnages pendant une même représentation.

Des fêtes tout au

Les fêtes de la déesse Flora.

Les Romains aiment faire la fête pour célébrer des événements de leur histoire et pour honorer leurs dieux. Chacune d'elles donne lieu à de grandes réjouissances.

La fête de Lupercalia

Cette fête en l'honneur de la louve est donnée le 15 février. Elle se déroule au bord du fleuve Tibre, qui traverse Rome, là où la louve a nourri de son lait Remus et Romulus (voir p.7). Pour honorer la louve, on sacrifie un chien et deux chèvres. On découpe leurs peaux en lanières pour fabriquer des fouets. De jeunes hommes nus courent en fouettant tous ceux qu'ils rencontrent.

Des fêtes agricoles

Au début de leur histoire, beaucoup de Romains sont agriculteurs. Ils conservent de ce passé des fêtes spécifiques. Ainsi, du 12 au 19 avril, ils s'habillent de blanc pour honorer la déesse des Moissons, Cérès (voir p. 94). Le 25 avril, ils sacrifient un chien dont le pelage est roux.

Cela a pour but d'empêcher la « rouille », une maladie du blé, de détruire les récoltes ! Du 28 avril au 3 mai, ils fêtent Flora, la déesse romaine des Fleurs. Les Romains portent des guirlandes végétales autour du cou et de grands jeux sont donnés dans les cirques. Du 19 au 21 juillet, des fêtes sont célébrées en l'honneur des bûcherons pour les protéger contre les esprits des arbres.

Les Parilia

Cette fête a lieu le 21 avril, jour anniversaire de la fondation de Rome. Elle est donnée en l'honneur de Palès, la déesse protectrice des troupeaux, et elle est destinée à purifier les bêtes. Les bergeries sont nettoyées, décorées, puis on offre

À l'occasion des saturnales, les maîtres servaient leurs esclaves.

à Palès des gâteaux, du lait. Les bergers exécutent divers rituels et récitent des prières. Ils allument de grands feux de broussailles et sautent par-dessus en criant et riant joyeusement.

La fête des mères

Le 1er mars, les Romains se souviennent de la légende de l'enlèvement des Sabines (voir p. 8). Ils célèbrent une sorte de fête des mères. Les femmes mariées vont déposer des fleurs dans les temples de Junon. Les vestales (voir p. 96) allument un nouveau feu au temple de Vesta qui marque le début de la nouvelle année dans l'ancien calendrier des Romains.

Les fêtes de la Guerre

À l'époque des Rois et au début de la République, les armées ne livraient pas de batailles toute l'année. Le 15 mars, une grande fête avec des défilés de chevaux célébrait l'ouverture de la saison de la Guerre. Du 18 au 22 mars, pendant cinq jours de fête en l'honneur de Minerve, on purifiait les armes, les trompettes et les chevaux. Le 15 octobre, on sacrifiait un cheval et on organisait de grands jeux pour fêter le retour à la paix.

Les fêtes de Vesta

Elles sont célébrées le 9 juin. Pour honorer la déesse des Foyers, les Romains décorent de guirlandes les meules qui servent à moudre le blé. Accompagnées des ânes qui font tourner ces meules, les Romaines se rendent en cortège au temple de Vesta.

Les saturnales

Ces fêtes sont considérées comme l'ancêtre de Noël. Célébrées entre le 17 et le 23 décembre, au moment du solstice d'hiver, elles marquent l'entrée dans l'hiver et la fin de la saison des semailles. Pendant ces quelques jours, les rôles des maîtres et des esclaves sont inversés et les esclaves peuvent se faire servir par leurs maîtres. Les Romains se font des cadeaux : petites poupées, bougies de cire... Durant ces fêtes de joies et de réjouissances, peu de Romains travaillent, il est aussi interdit d'entreprendre une guerre ou d'exécuter un criminel.

Le savoir-faire

Plats, cruches, vases, amphores… beaucoup de récipients sont en terre cuite. Les potiers sont très occupés.

Dans les rues de Rome et des grandes villes de l'Empire, de nombreux artisans de grand talent fabriquent tous les objets de la vie quotidienne.

L'organisation

Les ateliers des artisans sont généralement aménagés au rez-de-chaussée des immeubles. L'artisan travaille aidé d'esclaves. Il vend ses articles directement. Les artisans se regroupent par spécialité : les forgerons sur une place, les potiers dans une rue… Peu à peu, des ateliers plus importants ouvrent à l'extérieur des villes. Un contremaître y dirige plusieurs dizaines d'esclaves. On y fabrique des amphores en terre, des armes en fer ou en bronze… Mais avec les conquêtes et l'extension de l'Empire, les artisans de Rome sont concurrencés par ceux des provinces : on voit alors se répandre des poteries de Gaule ou de Grèce, des verres d'Égypte, des tissus de l'actuelle Turquie…

Une formation solide

Les artisans transmettent leur savoir et leurs secrets de père en fils. Mais avant de reprendre l'atelier de son père, l'enfant suit un apprentissage. Entre l'âge de 10 et 13 ans, il part comme apprenti quelques années dans l'atelier d'un autre artisan. À la fin de cette formation (que peut aussi recevoir un enfant d'esclave), il obtient un diplôme.

Les verriers

Ils fabriquent le verre à partir d'un mélange de silice (un sable), et de chaux (matière calcaire) qu'ils font chauffer à 1 500 °C. La pâte obtenue est moulée pendant qu'elle est encore molle, puis l'objet

Types de flacons et récipients en verre de l'époque romaine.

des artisans

Le forgeron est l'un des artisans les plus importants. Sans lui, plus d'outils ni d'armes !

est plongé dans l'eau froide. Au Ier siècle ap. J.-C., les Romains commencent à souffler le verre. Au moyen d'un long tube creux comme une grande paille, le verrier souffle à l'intérieur de la boule de pâte molle et chaude et lui donne la forme désirée. Grâce à cette technique, les ateliers se développent et la vaisselle en verre, beaucoup moins chère que la vaisselle en argent, se répand rapidement.

Les potiers

Les potiers romains se servent d'un tour, une sorte de roue posée à plat qu'ils font tourner pour modeler la boule d'argile de façon régulière (voir dessin p. 76). La pièce obtenue (récipient, plat...) est ensuite cuite dans un four pour la durcir. Les Romains sont aussi influencés par les potiers gaulois. Particulièrement habiles, ceux-ci fabriquent des moules en terre sculptés dans lesquels ils versent de l'argile liquide. Ainsi, ils obtiennent au démoulage de magnifiques poteries aux motifs en relief. Avec ces moules, ils peuvent aussi produire de plus grandes quantités.

Les forgerons

Assiettes, plats, bijoux, épées, outils... Les forgerons romains ne manquent pas de travail. Dans tout l'Empire, de nombreuses mines sont ouvertes pour extraire le minerai de fer, le cuivre, l'étain. Les forgerons font chauffer le minerai de fer et le martèlent pour lui donner sa forme. Ils font fondre le minerai de cuivre et d'étain. Lorsqu'il est liquide, ils le mélangent pour obtenir le bronze qu'ils font couler dans des moules.

À la fois artisans et artistes, les mosaïstes découpent et assemblent de petits cubes de marbre ou de grès pour réaliser les mosaïques dessinées par un peintre.

Soins et

On se rend chez l'apothicaire pour acheter des potions, pommades, sirops…

Les médecins romains soignent à l'aide de médicaments et par la prière. Pourtant, à cette époque, les épidémies font des ravages.

Les médecins, des esclaves d'origine grecque

Les Romains n'ont pas de grandes connaissances médicales. Les premiers médecins arrivent après la conquête de la Grèce, au IIe siècle av. J.-C. Ceux-ci suivent des études qui peuvent durer douze années dans des écoles de Grèce. Ils apprennent l'anatomie, c'est-à-dire les différentes parties du corps, la pharmacie (la préparation des remèdes) et la chirurgie, c'est-à-dire les techniques d'opération. Sous la République, ces médecins sont souvent des esclaves.

Des cabinets en ville mais pas d'hôpital

Les familles les plus riches, les écoles de gladiateurs et les légions possèdent leurs propres esclaves médecins. Les autres Romains se rendent dans les cabinets médicaux installés en ville. Excepté dans les camps de légionnaires, il n'existe pas d'hôpital. En cas de blessure grave, le malade peut passer quelques jours chez l'apothicaire.

Des maladies mortelles

Les épidémies telles que la variole, la rougeole ou la peste contaminent des milliers de personnes. Dans les bains des thermes, les virus se multiplient et passent très vite d'une personne à l'autre, mais les médecins ignorent encore tout de la transmission de ces maladies. Quant aux opérations, elles se pratiquent sans anesthésie, les malades ne sont pas endormis. Beaucoup meurent pendant les interventions.

En posant des ventouses chaudes sur le corps des malades, les Romains pensent expulser le mal.

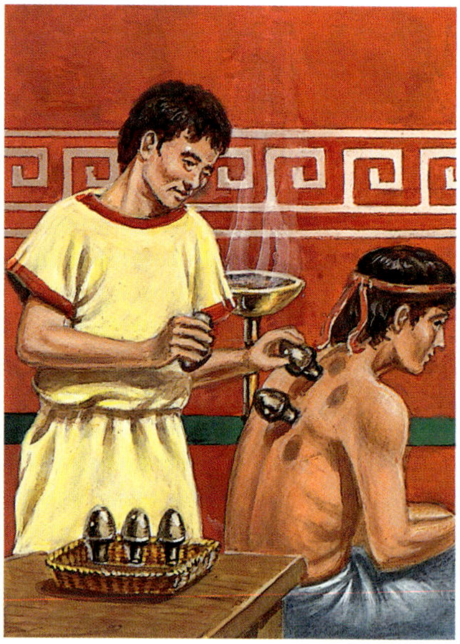

remèdes

Les médecins romains soignent à l'aide de préparations naturelles mais de nombreuses maladies leurs résistent.

Des remèdes étonnants

Les médicaments sont préparés par le médecin ou l'apothicaire à base de plantes, d'huiles, de vins, de minéraux... Certains de ces remèdes sont surprenants. Ainsi, on calme la toux avec des œufs écrasés dans du miel ; on soigne la migraine avec une herbe, l'ellébore, bouillie et mélangée à de l'huile ; on guérit les morsures de serpents en appliquant des excréments de mouton cuits dans du vin ! En cas de fièvre, il n'est pas rare de pratiquer la saignée (on ouvre une veine et on laisse couler le sang) ou la pose de ventouses chaudes, en pensant que ces pratiques évacuent le mal du corps.

Des femmes médecins

La majorité des médecins sont des hommes. Toutefois, peu à peu, des femmes exercent dans le domaine médical. Elles sont en particulier sages-femmes : elles aident et accompagnent les futures mamans lors de la naissance de leur bébé.

Des dentistes et des oculistes

Les oculistes existent déjà à Rome. Ils soignent certaines maladies des yeux avec des préparations à base de tisanes. Quant aux dentistes, ils remplacent les dents manquantes par de fausses dents sculptées dans de l'ivoire ou du métal et fixées aux autres dents par des attaches en or.

Prier pour guérir

Dans beaucoup de cas, les médecins n'ont pas d'autres solutions que de conseiller au malade d'aller prier au temple d'Esculape, le dieu de la Guérison. Ce dieu est représenté avec un bâton autour duquel s'enroule un serpent. Ce symbole appelé *caducée* est aujourd'hui encore l'emblème des médecins et des infirmières.

Certains Romains portent déjà de fausses dents en métal ou en ivoire !

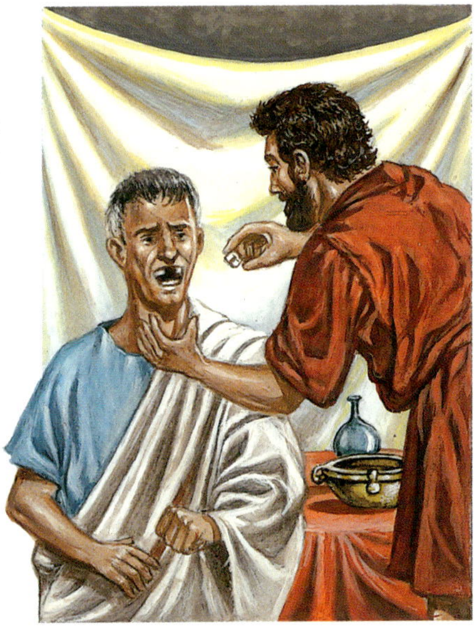

L'eau arrive au

La construction d'un aqueduc.

Les Romains sont les maîtres dans l'art d'amener l'eau des sources au cœur des villes grâce à tout un système de canalisations et de ponts ingénieux appelés aqueducs.

L'aqueduc : un pont qui conduit l'eau

Les villes romaines très peuplées exigent des quantités considérables d'eau pour les activités quotidiennes et les bains publics. Les puits ne suffisent pas. Il est alors indispensable de trouver l'eau à l'extérieur des cités et de l'acheminer en ville sans avoir à la pomper ou à la porter. C'est ainsi que les architectes romains imaginent l'aménagement de canalisations en pierre, en terre cuite ou en plomb sur des dizaines de kilomètres parfois. S'il faut passer une colline, on creuse un tunnel, s'il faut franchir une vallée, on construit un aqueduc (voir ci-dessus), un pont qui va conduire l'eau. Tout au long du parcours, il faut conserver une pente douce pour que l'eau s'écoule. Dix aqueducs fournissent ainsi l'eau de la ville de Rome, le plus ancien date de 312 av. J.-C.

Des arches de pierres taillées

Les Romains ont appris à construire des voûtes auprès des Mésopotamiens (voir p. 109). Ils édifient d'abord un échafaudage en bois puis disposent les pierres taillées et numérotées avec précision une à une autour d'une arche en bois. L'ensemble tient sans ciment ni mortier mais uniquement par

cœur des villes

Nullement gênés, les Romains se retrouvent aux toilettes publiques, où ils discutent.

le poids de l'ensemble de l'édifice. Le pont du Gard (275 m de long et 49 m de haut), dans le sud de la France, et l'aqueduc de Ségovie (900 m de long et 34 m de haut), en Espagne, témoignent encore de l'extraordinaire génie et de la prodigieuse audace des constructeurs romains.

Des fontaines publiques

Parvenue dans la ville, l'eau est stockée dans de grandes réserves d'où partent des canalisations de plomb. Celles-ci passent sous les rues pour alimenter les centaines de fontaines publiques édifiées aux carrefours. L'eau y coule en permanence et on vient y remplir les amphores à tout moment de la journée.

Le grand égout de Rome

Après avoir amené l'eau au cœur de la ville, il faut l'évacuer. À Rome, dès le VIe siècle av. J.-C., un immense égout est aménagé entre le forum et le Tibre pour emporter les eaux sales vers le fleuve. Cette immense canalisation longue d'un kilomètre, d'abord à ciel ouvert, a été couverte au Ier siècle av. J.-C., ce qui a permis de limiter les odeurs nauséabondes. En certains endroits, le tunnel est large de plus de 4 m et haut de 3 m. Les agents chargés de le nettoyer peuvent même s'y déplacer avec une charrette à cheval !

Les latrines publiques

C'est ainsi qu'on appelle les toilettes. L'entrée est payante mais ne coûte pas très cher. À Rome, on en compte près de 150. Plusieurs sièges sont disposés dans une même pièce, de l'eau coule au-dessous : elle évacue les excréments vers les égouts et les rivières. Certaines latrines sont décorées et, parfois, disposent d'un système de chauffage à air chaud. Les Romains aiment à s'y retrouver et à bavarder. Une éponge attachée à un bâton permet de s'essuyer.

Dans les villes et les villages romains, il y a toujours des fontaines.

Des marchandises

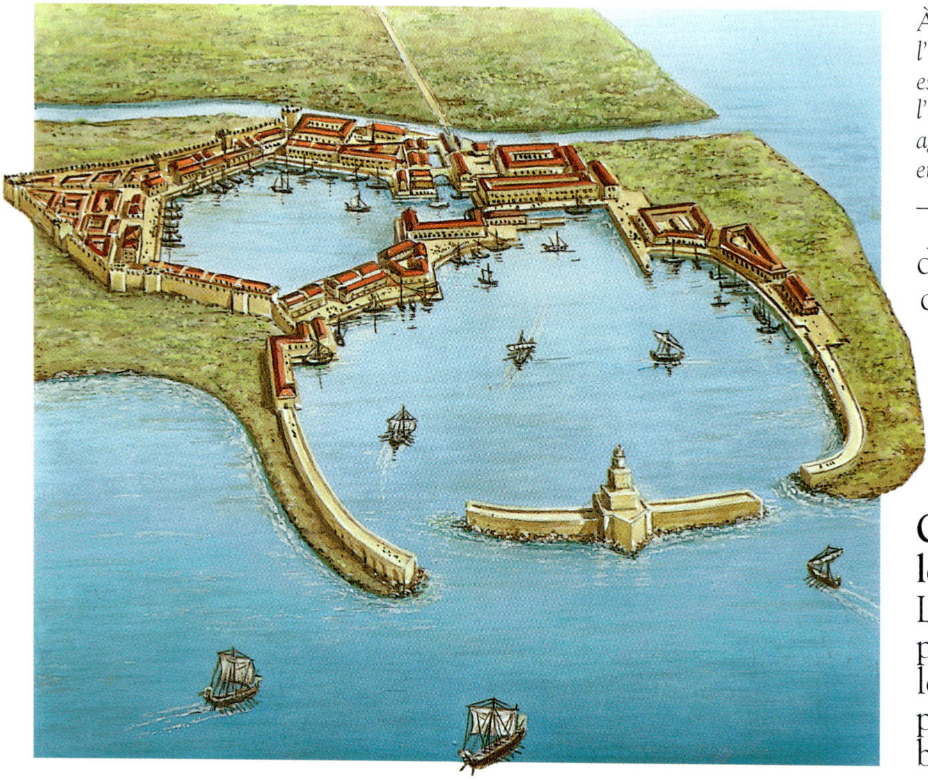

À l'époque romaine, le port d'Ostie, sur l'embouchure du Tibre, à 25 km de Rome, est un port de commerce très actif. Durant l'époque romaine, il est plusieurs fois agrandi. De nombreux négociants et grands marchands y font affaire.

Nourriture, animaux, épices, pierres, bois… circulent à travers l'Empire et parviennent en grand nombre à Rome. Ces marchandises viennent de toutes les provinces romaines et même de plus loin encore.

Des produits de toutes les origines

Toutes les provinces de l'Empire livrent des marchandises à Rome et aux grandes villes. Ce sont aussi bien des produits alimentaires que des matériaux, des minerais, des parfums, des animaux… Consommé en grandes quantités, le vin vient de Gaule, de Grèce et d'Espagne, l'huile d'olive d'Espagne également ; le blé d'Égypte et d'Afrique du Nord ; le marbre, qui sert à la construction des monuments, provient de Grèce et de Turquie, l'or et le plomb d'Angleterre ; le verre d'Allemagne, les bois précieux du Liban ; les animaux exotiques d'Afrique… Des caravanes de chameaux viennent d'au-delà des frontières de l'Empire et rapportent des soies de Chine, des épices et des parfums d'Asie, de l'encens d'Arabie.

Comment circulent les marchandises ?

Les lourds chariots tirés par des bœufs se déplacent lentement. Les marchands préfèrent le transport par bateau. Sur les rivières et les fleuves, les embarcations sont tirées par des esclaves depuis la berge tandis qu'en mer on utilise divers navires à voile.

Où se trouvent les commerces ?

Beaucoup de commerçants possèdent une boutique installée au rez-de-chaussée des immeubles largement ouverte sur la rue. Les autres commerçants vendent sur les marchés, de grandes halles construites autour d'une place. On rencontre également

venues de tout l'Empire

Tous les commerçants n'ont pas de boutiques, ils vendent sur les marchés et installent leurs étals au milieu d'une place ou à l'ombre de ses arcades.

des colporteurs, des marchands ambulants qui voyagent avec leurs marchandises.

Des poids et des mesures

Les Romains pèsent les produits avec des balances. Les poids sont indiqués en livres (327 g) et en onces (27,25 g). Ils mesurent le grain en boisseaux (8,78 l) et les liquides en amphores (26,36 l) et en setiers (0,54 l).

Comment paie-t-on ?

Aux origines, les paysans romains payaient leurs achats avec des volailles, des bœufs ou des moutons. Au Ve siècle av. J.-C., on paie avec des lingots de bronze. Ce n'est pas très pratique. Ces lingots pèsent 273 g, soit un peu plus qu'une plaquette de beurre d'aujourd'hui. Au IIIe siècle av. J.-C., en découvrant comment les Grecs règlent leurs dépenses, les Romains décident d'employer leur propre monnaie composée des as et des sesterces, coulés dans du bronze, et des deniers, en argent. Sur ces pièces sont représentés des plantes, des animaux, des symboles religieux... Jules César est l'un des premiers à y faire apparaître son visage. Les empereurs qui lui succèdent l'imitent. Des deniers en or apparaissent.

Les Romains appliquent des droits de douane

Pour faire entrer les marchandises dans les ports et dans les villes, pour leur faire franchir les ponts ou les cols de montagnes, les marchands doivent payer des droits de douane ou d'octroi. Ces taxes sont plus ou moins élevées selon la valeur des marchandises. On paie moins pour une chèvre que pour un cheval, par exemple.

Sesterce en bronze à l'effigie de l'empereur Trajan, qui règne de 98 à 117.

Des routes

Les voies romaines sont construites sous le contrôle de l'armée.

Des milliers de kilomètres de voies pavées régulièrement entretenues desservent l'Empire et font la fierté des Romains.

Pourquoi un tel réseau de routes ?

La première raison est militaire : l'empereur doit pouvoir envoyer très rapidement des légions dans toutes les provinces. La deuxième raison est économique. Toutes les marchandises ne peuvent pas circuler par bateau. Plus de 350 voies ont donc été ouvertes, 29 d'entre elles partent de Rome. L'ensemble atteint une longueur de près de 100 000 km, soit deux fois et demie le tour de la Terre !

Qui construit et entretient les voies ?

Ce travail extrêmement difficile est confié aux légionnaires et aux habitants des régions traversées que l'on oblige à travailler sur le chantier. Des géomètres déterminent le tracé de la route. Ensuite, les terrassiers creusent une tranchée large de 5 à 7,50 m et profonde d'un mètre. Ils étalent plusieurs couches de matériaux soigneusement tassées : du ciment, des pierres, du gravier. Enfin, ils couvrent la route de dalles ou de pavés de pierre. Ils veillent à ce que les pierres taillées soient placées de façon à ce que les eaux de pluie s'écoulent sur les bas-côtés. La voie est assez large pour que deux convois se croisent. De chaque côté, une allée de terre est souvent aménagée pour les cavaliers et les piétons.

Des voies bien droites

Les voies sont construites les plus droites possible

droites et pavées

Les routes pavées réalisées par les Romains permettent à l'armée et aux voyageurs de circuler plus vite.

pour réduire la distance à parcourir, mais aussi pour éviter aux chars et chariots de ralentir afin de prendre les virages. Ils se déplacent donc plus rapidement. Dans les régions de montagnes ou avec des collines, les Romains n'hésitent pas à construire des ponts ou à creuser des tunnels pour que la route reste droite avec un minimum de pentes à gravir.

Comment les Romains voyagent-ils ?

La plupart des Romains se déplacent à pied. Un bon marcheur parcourt une vingtaine de kilomètres par jour. Les voyageurs un peu plus riches se déplacent dans des chariots tirés par des bœufs. Les moyens les plus rapides sont assurément le cheval et, notamment, le char léger tiré par des chevaux. En changeant régulièrement les animaux au long du chemin, on peut espérer parcourir une cinquantaine de kilomètre par jour. Les très riches nobles romains se déplacent parfois en carrosse, une voiture tirée par des chevaux dans laquelle on est couché sur d'épais coussins. Des esclaves marchent devant pour ouvrir la route. D'autres suivent pour conduire la voiture où sont entassés les bagages. On ne va pas très vite mais l'on peut y manger et y dormir.

Qui voit-on sur les routes ?

Les voies romaines sont très fréquentées par les militaires, les marchands, les pèlerins et les malades qui se rendent dans des lieux saints, des comédiens, des musiciens, des gladiateurs, des professeurs qui vont d'école en école... On y croise aussi des employés de la poste impériale qui se déplacent à cheval.

Tous les milles romains, soit tous les 1,472 km, une borne est dressée sur le bord de la route pour aider le voyageur à se situer par rapport à sa destination.

Les banquiers

Ce banquier note sur ses registres les sommes d'argent qui entrent et sortent de sa banque tandis que son associé renseigne un client.

Dans l'Empire romain, les banquiers existent déjà et jouent un rôle très important : ils prêtent de l'argent, paient les chèques de leurs clients…

Une aide précieuse pour le commerce

Imaginons qu'un commerçant de Rome commande à un marchand d'Alexandrie, en Égypte, une cargaison de bois précieux. Il n'est pas question que le marchand fasse un si long voyage avec une grosse somme d'argent. C'est là que les banquiers interviennent : le commerçant dépose la somme à payer chez son banquier, à Rome. Celui-ci envoie un ordre de paiement, une sorte de chèque, dans une banque d'Alexandrie qui verse l'argent au vendeur. Plus tard, le banquier de Rome fera parvenir l'argent qu'il doit au banquier d'Alexandrie par messager bien escorté.

Les banquiers prêtent de l'argent

Comme aujourd'hui, ils avancent de l'argent à leurs clients. L'emprunteur rembourse la somme prêtée, en plusieurs fois sur un temps défini et verse en plus des intérêts, ce qui va permettre au banquier de se payer. Par exemple, pour 1 000 sesterces, l'emprunteur paiera 100 sesterces d'intérêts. Au total, il remboursera donc 1 100 sesterces. Les banquiers gardent également l'argent et les objets précieux de leurs clients dans des coffres.

Qui sont les banquiers ?

Ce sont le plus souvent des affranchis, des esclaves qui ont retrouvé leur liberté. Certains d'entre eux ont réussi de si belles affaires qu'ils sont à la tête d'immenses fortunes.

Pièces de monnaie de l'époque romaine retrouvées dans une jarre.

Les impôts

Des habitants des provinces apportent leurs impôts au percepteur, qui note avec soin l'argent qui est versé.

Les Romains sont privilégiés

Chaque année, dans les provinces romaines, chaque propriétaire de champs paie un impôt calculé selon la grandeur de sa propriété. Les autres habitants, s'ils n'ont pas de terres, paient sur leurs revenus. Les Romains, eux, ne paient que deux taxes : l'une lorsqu'ils vendent des esclaves, l'autre quand ils héritent de leurs parents. Ils donnent donc très peu comparativement au reste de l'Empire.

Diriger l'Empire romain coûte beaucoup d'argent. Les habitants des provinces versent de lourds impôts à cet effet. Les Romains qui vivent à Rome et en Italie, eux, en paient très peu.

Quelles sont les dépenses de l'État ?

L'empereur fait face à de nombreuses dépenses : les soldes des légionnaires, la construction des routes et des monuments, l'ouverture d'écoles, la distribution de nourriture aux plus pauvres, l'organisation de jeux... Les dépenses ne cessent jamais d'augmenter. Les uns après les autres, les empereurs créent de nouveaux impôts.

Qui collecte les impôts ?

À la fin de la République et au début de l'Empire, le gouvernement ne collecte plus les impôts lui-même. Il confie ce travail à des sociétés. Elles avancent l'argent des impôts à l'État puis récupèrent ces sommes auprès des habitants. Hélas, ces sociétés abusent de leur rôle et certaines obtiennent bien plus d'argent qu'elles n'en donnent à l'État. Au début de l'Empire, on crée le Trésor public : des percepteurs employés par l'État calculent et collectent les impôts.

Une bourse avec la mention : « coursier du Trésor », Viator ad aerarium.

Pompéi, la

Une heure environ après le début de l'éruption, une pluie de petites roches volcaniques et de cendres commence à s'abattre sur Pompéi.

Recouverte par les cendres de l'éruption du Vésuve en 79, la cité de Pompéi est restée ensevelie pendant dix-huit siècles avant d'être mise au jour au XIXe siècle. Elle constitue le plus extraordinaire témoignage de l'époque romaine.

De riches habitations

Pompéi et les cités voisines d'Herculanum et de Stabies sont situées au bord de la mer, dans la baie de Naples, au sud de l'Italie. Devenues romaines au Ier siècle av. J.-C., elles sont habitées par des Romains aisés et, en particulier, de riches commerçants qui viennent de Rome ou de Naples pour passer d'agréables séjours. Ils ont fait bâtir de somptueuses villas richement décorées. Pompéi, la plus grande des trois cités, possède un forum, un théâtre, un amphithéâtre, des thermes, plusieurs temples... Mais, en 62, une grande partie de la ville est endommagée par un tremblement de terre.

L'éruption du 24 août 79

Ce jour-là, vers 10 heures, le Vésuve, un volcan situé à une dizaine de kilomètres de Pompéi, entre en éruption. Le phénomène est très violent. Une gigantesque montée de lave provoque

La région de Pompéi et les retombées de l'éruption du Vésuve.

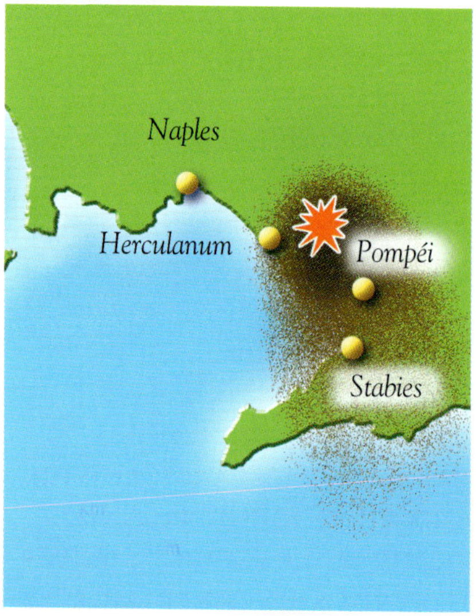

cité ensevelie

Quelques heures plus tard encore, la cité est plongée dans l'obscurité, la cendre et les débris crachés par le Vésuve continuent de tout recouvrir. Des toits s'effondrent, beaucoup d'habitants ont déjà fuit.

une véritable explosion de la montagne. Un incroyable nuage de cendres et de pierres se forme sur plus de 20 km de haut ! Le soleil disparaît alors masqué par cet extraordinaire écran. La ville est plongée dans l'obscurité. Le nuage s'abat sur les villes de Pompéi, Herculanum et Stabies.

Que font les habitants ?

Dès qu'ils voient ce nuage approcher, beaucoup d'habitants décident de s'enfuir très vite sans prendre le temps d'emporter leurs affaires avec eux. Ils auront la vie sauve. D'autres préfèrent s'enfermer dans leur maison mais ils meurent dans d'atroces souffrances. Le lendemain, le volcan continue de cracher des gaz mortels, des cristaux de magma en fusion, des pierres brûlantes... C'est l'agonie. À Pompéi, qui comptait plus de 20 000 habitants, on estime que le drame a fait plus de 2 000 victimes. Certaines sont mortes asphyxiées par les gaz, d'autres frappées par la chute de pierres volcaniques ou écrasées par l'effondrement de bâtiments, d'autres encore brûlées par la chaleur qui dépasse les 500 °C ou ensevelies par les cendres.

Un témoin capital

Passionné de sciences naturelles et écrivain, Pline l'Ancien est commandant de la base navale de Misène, à 25 km de Pompéi. Dès qu'il aperçoit l'épais nuage au-dessus du volcan, il décide de rejoindre Pompéi par la mer pour observer le phénomène de plus près et venir en aide à un ami. Arrivé devant la cité, il ne peut accoster à cause des débris qui tombent et de la cendre qui commence à recouvrir son navire. Il met le cap vers Stabies pour y passer la nuit mais, à son réveil, il s'écroule. Sans doute a-t-il été

Ci-dessus, le portrait d'un couple de riches Romains retrouvé à Pompéi. Ci-contre, les vestiges de Pompéi, aujourd'hui, avec le Vésuve au loin.

asphyxié par les gaz respirés. Ses précieuses observations et le récit de son voyage sont parvenus jusqu'à nous grâce à son neveu Pline le Jeune, qui a recueilli les témoignages des marins de son oncle.

Des cités tombées dans l'oubli

Après l'éruption, en quelques jours, les cités de Pompéi, Herculanum et Stabies sont ensevelies sous une couche de cendres et de roches épaisse de 7 m en certains endroits ! Seuls les sommets des bâtiments les plus hauts apparaissent encore. Craignant de provoquer une nouvelle fois la colère des Dieux, les Romains décident de ne pas reconstruire ces villes et les abandonnent. Avec le temps, la nature reprend ses droits et les cités sont oubliées jusqu'en 1709. Cette année-là, alors qu'un un paysan creuse un puits, il découvre des plaques de marbre. Il est sur le site d'Herculanum. En 1748, on retrouve l'emplacement de Pompéi, mais ce n'est qu'au XIXe siècle que les fouilles s'organisent vraiment sérieusement. Partout en Europe, ces découvertes provoquent une véritable passion et des voyageurs viennent de très loin voir les ruines dégagées.

De fabuleuses découvertes

Cette catastrophe survenue à Pompéi a permis au monde entier de connaître plus précisément la manière dont vivaient les Romains au Ier siècle. En effet, à l'abri sous les cendres, des milliers d'objets de la vie quotidienne ont été conservés : de la vaisselle, des bijoux, des miroirs, des balances, des livres écrits sur des papyrus, des restes de repas calcinés par les cendres brûlantes, des instruments de musique,

Les cendres ont conservé des indices étonnants, jusqu'à la nourriture même des Pompéiens au moment de l'éruption, comme ce bol d'olives calcinées.

Voici les vestiges d'un thermopolium, *la taverne où l'on aimait prendre son repas chaud du midi. À Pompéi, on en comptait alors 89 ! On distingue bien ici le comptoir où étaient encastrées les grandes jarres de nourriture chaude.*

de la catastrophe. Une fois déterré, le moulage montre distinctement la position du corps, les expressions, les vêtements, la coiffure... À Pompéi, la plupart de ces moulages sont rassemblés dans un endroit appelé « le Jardin des fugitifs ».

des masques d'acteur, des casques de soldats... Les archéologues ont également mis au jour de somptueuses fresques, de magnifiques mosaïques, des statues de marbre et de bronze intactes... Les vestiges des constructions ont aussi permis de retrouver l'organisation de la ville, ses quartiers, ses boutiques, ses bâtiments publics...

Des moulages qui en disent long

En 1864, l'archéologue Giuseppe Fiorelli est chargé des fouilles à Pompéi. Il met au point une technique pour reconstituer les corps et objets disparus sous les cendres. Au fil des siècles, les corps recouverts de cendres durcies se sont décomposés et ont laissé un vide. L'archéologue a donc eu l'idée de remplir ces cavités avec du plâtre. Coulé à l'emplacement du corps, le plâtre durcit et donne un moulage exact de la personne ou de l'animal qui a été recouvert par la cendre au moment

Beaucoup d'habitants ont réussi à fuir à temps, d'autres se sont réfugiés dans leur maison où ils ont péri, d'autres encore se sont fait surprendre par des nuées ardentes (des nuages de roches en feu et de gaz descendus tout droit des pentes du volcan). Ainsi, on retrouve des moulages de victimes en position de fuite ou recroquevillées pour se protéger.

Les dieux et les dée

La plupart des dieux et des déesses de la religion romaine sont d'origine grecque. Ils sont censés contrôler tout ce que font les hommes. Chaque jour, les Romains veillent donc à ne pas les fâcher. Ils leur construisent des temples, leur font de nombreuses offrandes et espèrent ainsi préserver ce qu'ils appellent la « paix des dieux ».

Jupiter

Jupiter, le dieu des dieux
C'est le plus puissant de tous les dieux. Il règne sur la Terre et le Ciel. Il porte un aigle pour emblème et tient à la main un sceptre et la foudre. Il protège l'Empire.

Mars

Mars, le dieu de la Guerre
Considéré comme le père de Remus et Romulus (voir p. 7), Mars est, à l'origine, le dieu de la Végétation et de l'Agriculture. C'est lui qui réveillait la nature au printemps. Peu à peu, il est devenu le dieu de la Guerre. Coiffé d'un casque et armé d'une lance à la main, il conduit les soldats à la victoire.

Mercure, le messager des dieux
Ce beau jeune homme porte des semelles de cuir munies d'ailes qui lui permettent de transmettre très vite les messages des dieux, en particulier ceux de Jupiter. Il protège également les routes et les marchands. Il tient toujours une bourse et un caducée, un bâton sur lequel s'enroule un serpent.

Mercure

Bacchus, le dieu du Vin
Ce dieu au visage rieur et gai n'a pas bonne réputation. Ses adorateurs lui rendent hommage en organisant des fêtes secrètes pendant lesquelles ils s'enivrent.

Bacchus

ses des Romains

Neptune, le dieu de la Mer
Les Romains l'honorent d'abord comme dieu des Eaux douces : lacs et rivières. Sous l'influence des Grecs, Neptune devient le dieu de la Mer. Il déclenche ou apaise les tempêtes. Il protège les marins et les animaux de la mer. Il se déplace sur un char en tenant un trident.

Neptune

Apollon, le dieu de la Lumière
Ce dieu au très beau corps de jeune homme a plusieurs fonctions. Il fonde les villes nouvelles. C'est lui qui punit ceux qui commettent des fautes et peut même donner la mort avec des flèches. Mais il a aussi le pouvoir de guérir. Également dieu de la Musique, il porte une lyre.

Apollon

Pluton, le dieu des Enfers
Il règne sur les profondeurs de la Terre, les Enfers et le royaume des Morts. Jamais représenté, c'est un dieu terrifiant. On lui sacrifie des animaux au pelage sombres qui ont la réputation de porter malheur.

Saturne, le dieu du Temps
Père de tous les dieux de la mythologie grecque, il a été chassé de Grèce par Zeus et, selon la légende, il aurait fondé la civilisation romaine. Dieu du Temps qui passe, il est également dieu des Graines et des Vignes. Il possède une faucille et une serpette. On le fête

Saturne

lors des saturnales (voir p. 75) par des festivités qui ressemblent à nos carnavals modernes.

Janus, dieu à deux visages
Grâce à ses deux têtes, il veille à la fois sur le passé et le futur et garde les portes de la ville de Rome.

Janus

C'est lui qui commence toute chose. Son nom a servi à nommer le premier mois de l'année : janvier. Lorsque les légions partent en guerre, les portes du temple de Janus sont ouvertes, de cette façon, le dieu peut accompagner les soldats et leur venir en aide.

Vulcain, le dieu de la Forge

Selon les croyances romaines, Vulcain, dieu des forgerons, vit dans les volcans du sud de l'Italie. C'est là qu'il fabrique les armes des dieux avec ses emblèmes : le marteau et l'enclume. Il a la réputation d'allumer et d'éteindre le feu. Les Romains redoutent ses colères qui provoquent les incendies et les éruptions volcaniques.

Cupidon, dieu des Amours

Enfant de Mars et de Vénus, Cupidon a des ailes. Selon

Cupidon

les ordres que lui donne sa mère, il rend les hommes et les femmes amoureux en visant leur cœur avec des flèches aux pointes d'or.

Diane, déesse de la Lumière

Représentée en chasseresse, portant un arc et des flèches, et parfois accompagnée d'une biche, Diane est la sœur de Jupiter. C'est la déesse de la Lumière.

Diane

Cérès, la déesse des Moissons

Les Romains honorent cette déesse qui fait monter la sève dans les jeunes plantes et assure de bonnes récoltes. Son nom est à l'origine du mot céréale.

Cérès

Quirinus, dieu des Agriculteurs

Ce dieu serait Romulus lui-même devenu dieu après

Quirinus

sa mort. Dieu protecteur des agriculteurs, il est aussi, comme Mars, le dieu de la Guerre.

Vénus, la déesse de l'Amour

Très jolie femme, elle veille sur la pousse des graines et des fleurs. Elle fait naître l'amour entre les humains qu'elle transmet grâce à son messager : son fils Cupidon. Elle est représentée avec une colombe. Lors des fêtes données en son honneur

et célébrées au début du printemps, les jeunes fiancées coupent une boucle de leurs cheveux et la déposent sur l'autel de la déesse.

Vesta, déesse du Foyer

Elle protège la maison et la cité. Dans chaque ville de l'Empire, un temple lui est dédié. À l'intérieur, brûle jour et nuit le feu sacré

qui représente la déesse (voir p.96). Son culte est très ancien puisque la légende raconte que c'est le second roi de Rome, Numa Pompilius, qui décida de lui rendre hommage.

Minerve, déesse de la Sagesse

Son nom veut dire « esprit ». Elle veille sur les pensées, les arts, les artisans mais aussi sur les soldats. Elle porte d'ailleurs un casque et une cuirasse sur sa poitrine. Pour l'honorer, les légions remettent une part de leur butin aux temples qui lui sont dédiés. Son emblème est une chouette.

Junon, la protectrice des femmes

À la fois sœur et épouse de Jupiter, elle protège les femmes tout au long de leur existence. Comme une sorte d'ange gardien, elle veille sur leur mariage, leurs grossesses, leurs accouchements... Chaque enfant qui naît est placé sous sa protection. Elle a donné son nom au mois de juin. On l'honore le 1er mars, à l'occasion des *matronalia*, l'ancêtre de la fête des Mères.

Les prêtres et

Sept jeunes femmes, les vestales, gardent le feu sacré du temple de la déesse Vesta, protectrice de la cité.

Les prêtres sont des hommes choisis parmi les riches familles romaines. Ils ont une vie normale et ont le droit de se marier.

Qui sont les flamines ?

Ce sont quinze prêtres : chacun est responsable d'un dieu et des cérémonies qui sont données en son honneur. Ils portent un bonnet de feutre surmonté d'un bâton. Le plus important d'entre eux, le flamine de Jupiter, siège parmi les sénateurs.

Et les vestales ?

Ce sont sept femmes qui gardent le feu sacré dans le temple dédié à la déesse Vesta. La flamme ne doit jamais s'éteindre. Filles de familles riches, les vestales sont désignées quand elles ont entre six et dix ans et servent la déesse pendant trente ans. C'est un grand honneur. Ces femmes sont respectées et honorées. Elles ont le droit de gracier des condamnés. Cependant, durant toute la durée de leur service, elles ne peuvent ni se marier ni avoir des enfants. Si elles désobéissent et commettent une faute grave, elles sont punies de mort. Comme ce sont des femmes sacrées, il est interdit de les tuer, elles subissent alors un sort atroce : elles sont emmurées vivantes ! À la fin de leurs trente ans de service, elles peuvent enfin se marier.

Qui est le grand pontife ?

Il préside l'assemblée des pontifes qui dirigent les prêtres et les vestales. Il veille à ce que les cérémonies se déroulent comme la tradition le veut. Il fixe également dans le calendrier les jours qui sont favorables (aux récoltes,

Un flamine

les cérémonies

Les prêtres célèbrent une cérémonie : plusieurs animaux sont sacrifiés. Un haruspice inspecte les entrailles pour y « lire » la volonté des dieux.

aux guerres, aux grandes décisions...) et ceux qui ne le sont pas. À partir de l'Empire, c'est l'empereur lui-même qui exerce la tâche de grand pontife.

Les augures et les haruspices

Les Romains ne décident rien sans avoir l'accord des dieux. Les seize augures de Rome sont des prêtres chargés d'interpréter les signaux envoyés par les divinités. Ils observent les éclairs, les nuages, le vol des oiseaux, l'appétit avec lequel les poulets sacrés mangent le grain qu'on leur jette... S'ils mangent bien, c'est bon signe, s'ils ne s'intéressent pas aux grains et mangent mal, « c'est de mauvais augure ». Les haruspices, eux aussi, cherchent à percer le secret des dieux. Ils lisent avec soin dans les entrailles des animaux sacrifiés au temple.

Les sacrifices

Les Romains offrent en effet des animaux aux dieux. Ils espèrent ainsi obtenir leur bienveillance et leur protection. Les plus pauvres, qui ne peuvent offrir des bêtes vivantes, déposent des animaux en pâtisserie ou en cire. Les bêtes choisies pour être sacrifiées sont conduites au temple où elles sont égorgées. Une partie de l'animal est brûlée pour que sa fumée aille jusqu'au dieu. Le reste est partagé entre les prêtres. Quant aux entrailles, elles doivent être observées par les haruspices.

S'adresser aux divinités

Les Romains s'adressent très souvent aux dieux. Ils leur demandent d'exaucer leurs souhaits : réussir dans leurs affaires, guérir d'une maladie, effectuer un voyage sans encombres, obtenir de bonnes récoltes... Chaque année, le maître de maison demande aussi aux forces du mal de quitter sa demeure.

Les dieux de la maison

Chaque famille possède un laraire (un petit autel) pour faire ses offrandes aux divinités.

Chaque famille, même les plus pauvres, dresse dans sa maison un temple familial. Il s'agit d'un petit autel devant lequel on dépose des offrandes aux dieux du foyer.

Les pénates

Ces dieux protègent la famille, ils veillent tout particulièrement à ce que le foyer ne manque pas de nourriture.

Les lares

Ces divinités très anciennes protègent elles aussi les habitants du foyer... Elles incarnent l'âme des morts et sont représentées sous la forme d'adolescents qui tiennent une coupe et une corne d'abondance.

Le génie

Chaque homme a un génie qui le suit de sa naissance à sa mort. Le génie est représenté par un serpent. Les femmes n'ont pas de génie, c'est la déesse Junon qui les protège.

Le laraire

C'est le nom de l'autel situé dans l'atrium de la maison (voir p. 50). Le laraire a la forme d'un petit temple. Dans les maisons des plus riches, le laraire est décoré de peintures. Le maître de la maison y est souvent dessiné entouré de deux lares et de son génie, on y représente aussi des pénates.

Les cérémonies

Tel un prêtre, le maître de maison préside les cérémonies rendues aux dieux du foyer. Il dépose des offrandes : de la nourriture, du vin, des fleurs, du parfum... Ces cérémonies ont lieu à des dates et lors d'événements précis : anniversaires, naissances, mariages, funérailles... Le père enseigne à son fils les gestes et les prières à accomplir.

Les lares sont des divinités qui préservent le foyer. On leur adresse de nombreuses prières.

Magie et sorcellerie

Bien que punies par la loi, la magie et la sorcellerie ont du succès auprès des Romains.

Très religieux, les Romains sont également très superstitieux. Ils croient facilement aux mages, aux sorcières et aux astrologues.

Gare au mauvais œil !

Il faut à tout prix se protéger de cette force du mal. Pour cela, les Romains ont toujours sur eux des porte-bonheur. Ils écrivent aussi des formules magiques sur les murs de leur maison. Ils invoquent facilement les dieux et les déesses en disant « Par Jupiter ! » ou « Par Junon ! »

Astrologues et diseuses de bonne aventure

L'astrologie vient de Mésopotamie. Elle arrive à Rome sous la République. Les Romains y accordent tant d'importance qu'à la naissance d'un enfant, les parents consultent aussitôt un « mathematici », un astrologue. Avant de prendre une grande décision, l'empereur fait également appel à l'un de ces savants. Pour les plus pauvres, qui ne peuvent se payer les services de ces astrologues, il reste les diseuses de bonne aventure, que l'on rencontre au hasard des rues. Non loin d'elles se trouvent souvent des charlatans qui vendent des remèdes miracles.

Hécate

Cette déesse est la messagère des démons et des fantômes. On s'adresse à elle pour qu'elle porte malheur à un ennemi, par exemple un concurrent à la course de chars. On dit que certaines nuits, des sorcières lui rendent un culte et sacrifient des animaux au pelage noir...

Les mages et les sorcières

Très consultées, ces personnes promettent mille et une choses. Elles assurent pouvoir guérir les malades grâce à des formules, des préparations, des plantes ou des animaux tels que les crapauds ou les serpents... Elles prétendent aussi pouvoir porter malheur à un adversaire en piquant des épingles dans des poupées de cire ou d'argile. Les mages et sorcières préparent également sur demande des breuvages censés faire tomber amoureux. La loi romaine punit de mort ceux qui se livrent à ces actes, mais de nombreux Romains les consultent en cachette.

Respecter

Au royaume des Morts, Charon est le vieil homme sévère qui fait traverser le fleuve Styx aux âmes. Il a la réputation d'être avare et réclame de l'argent pour assurer le passage du Styx. C'est pourquoi les Romains glissent une pièce dans la bouche du défunt avant de l'enterrer.

La tradition romaine veut que les morts soient enterrés. De cette manière, leurs esprits ne viendront pas troubler les vivants.

Comment les Romains imaginent-ils l'au-delà ?

Dans la religion romaine, l'âme du défunt descend sous terre, au royaume des Morts gardé par Cerbère, le chien à trois têtes. Là, elle doit traverser le Styx, le fleuve des Enfers, avant d'entrer dans les Champs Élysées, un endroit agréable où l'air est très doux. Seules les âmes des justes peuvent entrer aux Champs Élysées. Ceux qui n'ont pas respecté les lois des dieux n'y sont pas admis. Leur âme erre dans les Enfers, un univers humide et sombre traversé par le fleuve Styx et peuplé d'âmes criminelles.

Qu'est-ce que les mânes ?

Ce sont les esprits des morts. Selon les croyances, ils agissent sur les vivants et peuvent porter malheur aux familles qui n'honorent pas leurs morts. Ainsi, entre le 13 et le 21 février, toutes les familles romaines consacrent des offrandes à leurs défunts. Au mois de mai, les mânes reviennent régulièrement dans leur ancien logis, les proches prennent soin de leur apporter des offrandes espérant ainsi qu'ils seront satisfaits et qu'ils regagneront sans difficulté le royaume des Morts.

Un endroit pour reposer

Les Romains souhaitent que leur corps ou leurs cendres reposent dans une tombe. Les tombes sont dressées à l'extérieur des

Les plus fortunés étaient inhumés dans des sarcophages en pierre finement sculptés.

l'âme des morts

Le défunt peut être incinéré ou enterré. Chez les plus riches, les funérailles donnent lieu à une procession impressionnante.

limites de la ville et finissent par former un cimetière. Rien n'est pire pour les Romains que de disparaître sans qu'on retrouve leur dépouille, dans un naufrage par exemple. Leur âme risquerait alors d'errer très longtemps. Pour éviter ce risque, la famille fait élever un tombeau qui restera vide ou fait graver une plaque qui sera posée là où on a vu le vivant pour la dernière fois, sur le bord d'une route par exemple.

Les funérailles : une cérémonie impressionnante

La cérémonie de l'enterrement d'un Romain dure huit jours. La dépouille du défunt est lavée, parfumée et exposée sur un lit dressé de préférence dans l'atrium de la maison. Devant la porte, on accroche des branches de sapin et de cyprès pour indiquer que la famille est en deuil. Le huitième jour, le corps est déposé sur une litière et emmené à l'extérieur de la ville. Des joueurs de flûte et de trompette précèdent le cortège souvent éclairé par des torches. Dans la procession, des pleureuses professionnelles se lamentent et s'arrachent les cheveux. La famille, habillée en foncé, suit la litière sur laquelle repose le mort. Le corps est enseveli. La famille se retrouve ensuite pour partager un repas.
Neuf jours plus tard, une deuxième cérémonie est organisée pour purifier la maison du mort. Dans les familles pauvres, il n'y a pas de telles funérailles. Le corps ou les cendres sont emmenés le soir et jetés dans une fosse commune (un énorme trou dans lequel sont entassés les morts).

Les dieux étrangers

La déesse égyptienne Isis.

Beaucoup de peuples de l'Empire ont leurs propres dieux qu'ils honorent et qui ne sont pas les dieux romains. Les Juifs sont même les seuls à ne vénérer qu'un seul dieu, Yahvé.

Isis, l'Égyptienne

Cette déesse égyptienne est considérée comme la mère du monde et la protectrice des mères et des enfants. Elle est à la fois la sœur et l'épouse du dieu Osiris. Ensemble, ils ont un fils Horus, qui règne sur le monde des vivants, tandis qu'Osiris règne sur le monde des ténèbres. Après la conquête de l'Égypte par les Romains, le culte d'Isis se répand à Rome.

Mythra, dieu perse

Ce dieu venu de Perse est le symbole de la Lumière et des forces du Bien, il affronte et emporte la victoire contre les forces du Mal. Il est représenté tuant un taureau dont le sang assure l'éternité aux fidèles. Les soldats et les officiers des légions romaines sont nombreux à lui rendre hommage au cours de cérémonies secrètes.

Yahvé

Le peuple juif qui vit en Judée, dans l'actuel Israël, est différent de tous les autres peuples de l'Empire. En effet, il croit en un seul dieu, Yahvé. Comme le livre sacré de la Bible le raconte : Yahvé a créé le monde et l'homme.

Le dieu perse Mythra.

Les Juifs ont fondé leur capitale à Jérusalem. À la fin du Ier siècle av. J.-C., leur royaume devient une province romaine.

Le temple du roi Salomon, à Jérusalem, était dédié à Yahvé. Il est détruit par les Romains en 70 ap. J.-C.

Le mythe d'Énée

Énée et sa famille quittent Troie en feu, c'est le début d'un incroyable voyage.

Les Romains ont de nombreux mythes dont la plupart leur viennent des Grecs, mais la légende qui est la plus chère à leur cœur est celle d'Énée. Elle raconte comment le fils de la déesse Vénus a fondé leur civilisation.

Qui est Énée ?

Il est le fils du prince Anchise et de la déesse Vénus. Devenu un jeune homme courageux, Énée combat les Grecs aux côtés de Priam, le chef des Troyens, dont il épouse la fille, Créüse. Hélas, les Grecs emportent cette très longue et célèbre guerre de Troie. Énée doit s'enfuir, portant son père aveugle et paralysé sur son dos avec son fils Ascagne. Ils embarquent alors avec quelques compagnons pour un périple incroyable sur les mers. Énée erre dès lors de ports en ports pendant plus de sept ans.

Énée guidé par Jupiter

Jupiter, le dieu des dieux, dit à Énée qu'il doit chercher à atteindre le rivage du Latium (en Italie) pour fonder une nouvelle ville aussi belle que Troie. Mais Énée doit affronter les terribles colères de Junon et les tempêtes qu'elle déclenche. L'une d'elles pousse Énée vers la ville de Carthage (actuelle Tunisie). Sitôt arrivé, il est reçu à la cour de la reine Didon. Tous deux tombent follement amoureux. Cependant, Jupiter veut qu'Énée poursuive sa route. Il envoie Mercure, le dieu messager, convaincre Énée de repartir. Désespérée, Didon se donne la mort.

Énée fonde la civilisation latine

Énée parvient enfin sur les côtes italiennes et se dirige vers le Latium. Là, il combat vaillamment les Rutules et prend pour épouse Lavinia, la fille du roi Latinus. Il fonde alors la civilisation latine. Ascagne fait bâtir la cité d'Albe. Les Romains pensent que Remus et Romulus sont les lointains descendants d'Énée.

L'Empire

Les premiers chrétiens de Rome se réunissent dans des lieux secrets comme les catacombes.

Les premiers chrétiens, qui croient en un dieu unique et respectent la parole de Jésus, sont d'abord persécutés par les empereurs. Mais, au IVe siècle, la religion chrétienne devient religion officielle de l'Empire.

De cruelles persécutions

Respectant la parole de Jésus-Christ, les chrétiens refusent d'honorer les dieux romains et ne reconnaissent pas non plus l'empereur comme un dieu. D'incroyables rumeurs circulent alors à leur sujet : on dit qu'ils sacrifient de jeunes enfants et qu'ils mangent de la chair humaine. Les empereurs romains s'inquiètent. En 64, l'empereur Néron les accuse même injustement d'être les auteurs du gigantesque incendie qui ravage Rome. Il fait arrêter et condamner des dizaines de chrétiens. Les empereurs Marc Aurèle en 177, Dèce en 250 et Dioclétien en 303 commandent eux aussi de terribles persécutions.

Des réunions nocturnes

Les premiers chrétiens se retrouvent en secret pour prier leur dieu. À Rome, pour éviter d'être découverts, ils se réunissent la nuit, dans les catacombes, des tombes souterraines.

Signes de reconnaissance

Ces persécutions cruelles n'empêchent pas la religion chrétienne de se répandre à Rome et dans toutes les provinces de l'Empire. Les chrétiens, qui doivent rester très discrets, adoptent

Les symboles du chrisme et du poisson, deux signes de reconnaissance pour les premiers chrétiens.

devient chrétien

Avant de construire leurs premières églises, les chrétiens prient dans de simples maisons. Des salles sont réservées à la prière et au baptême.

des signes pour se reconnaître entre fidèles. L'un d'eux est la croix romaine sur laquelle Jésus est mort. L'autre est un poisson, qu'ils gravent sur des poteries par exemple. En grec, le mot poisson se dit « ichtus » dont les initiales sont celles de la phrase *Iessous Christos Theou Uios Sôtêr* qui signifie « Jésus-Christ, fils de Dieu le sauveur ». Un troisième signe est le « chrisme » : il s'agit des deux premières lettres du mot Christ dans l'alphabet grec.

L'apparition de Constantin

En 312, l'empereur Constantin affronte Maxence qui veut s'emparer du pouvoir. Les deux armées s'apprêtent à livrer bataille quand Constantin a une apparition : dans le ciel, une croix se dessine et la phrase « Avec ce signe tu vaincras » apparaît en lettres de feu. L'empereur demande alors à ses soldats de tracer une croix sur leurs vêtements. Le lendemain, bien que son armée soit la plus faible, elle emporte la victoire. En reconnaissance, il autorise les chrétiens à pratiquer leur religion. Les chrétiens édifient les premières églises. À Rome, deux basiliques, Saint-Paul et Saint-Pierre, sont bâties pour honorer les deux premiers apôtres venus à Rome.

L'unique religion de l'Empire

En 391, l'empereur Théodose Ier interdit le culte des dieux romains et ferme tous les temples. Il impose la religion chrétienne à tous les habitants de l'Empire. Des prêtres et des évêques s'installent dans toutes les provinces pour répandre la parole du Christ et bâtir des églises.

Buste de l'empereur Constantin qui a autorisé les chrétiens à pratiquer leur religion.

L'art d'im

Le choix du lieu d'installation d'une ville est chose sérieuse. Il faut consulter un augure qui interprétera des signes divins, comme le vol des oiseaux par exemple.

Pour affirmer leur puissance, les empereurs font bâtir des villes dans toutes les provinces de l'Empire. Leur construction suit un plan bien précis.

Interroger les dieux

Un augure doit toujours interroger les dieux pour savoir s'ils sont favorables à l'installation d'une ville. Pour cela, il interprète des signes divins, le vol des oiseaux par exemple. Lorsqu'il est sûr, l'augure fixe le centre de la future cité. Puis des géomètres tracent le *decumanus*, la voie principale qui traversera la ville d'est en ouest, et le *cardo*, la grande voie qui traversera la cité du sud au nord. Les deux grandes voies se croiseront au centre de la cité déterminé par l'augure.

Un sillon en souvenir de Romulus

Comme Romulus l'a fait, selon la légende, pour la fondation de Rome, on creuse un sillon qui entoure la future cité. Les croyances affirment que cette démarcation sacrée a le pouvoir magique de protéger la ville. C'est sur ce tracé que seront élevées les murailles de la cité.

Les instruments des géomètres

Les géomètres utilisent la groma. Cet outil s'inspire d'un instrument déjà employé par les Égyptiens. Il est constitué d'un piquet au sommet duquel est fixée une croix. Au bout de chacune des 4 branches pend un fil à plomb. En positionnant la groma d'une certaine façon et au moyen de calculs, les géomètres tracent des lignes droites très longues avec une très grande précision.

planter une ville

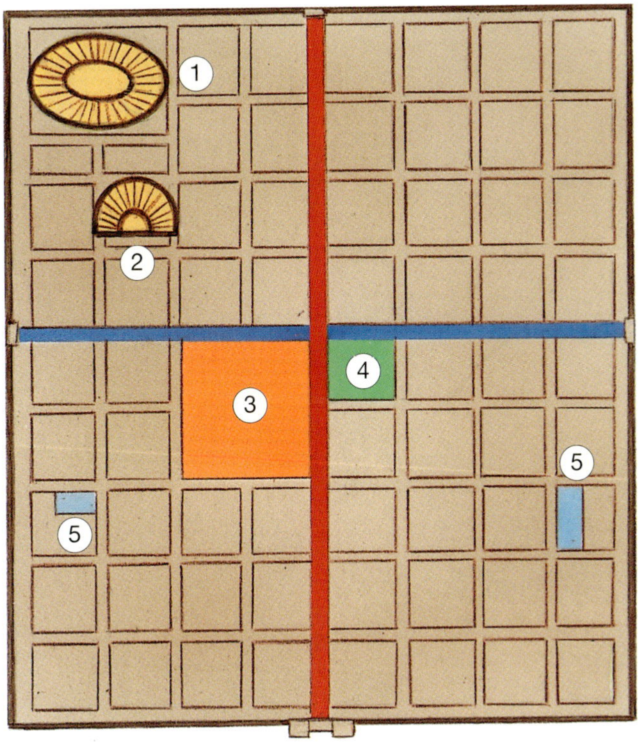

1- Le cirque. 2- L'amphithéâtre. 3- Le forum. 4- Le marché. 5- Les thermes. En bleu, la decumanus, *la voie qui traverse la ville d'est en ouest. En rouge, le* cardo, *la voie qui traverse la ville du sud au nord.*

Comment sont organisées les villes ?

Au centre de la ville, à l'endroit où les deux grandes voies se croisent, sont généralement édifiés le forum, les grands temples, la basilique dans laquelle on rend la justice, les bâtiments dans lesquels travaillent ceux qui dirigent la ville, le marché, les commerces et les ateliers d'artisans. Autour sont bâtis les quartiers divisés par des rues qui se croisent à angle droit. On a aussi retrouvé des plaques indiquant le nom des rues. Aux carrefours, des fontaines amènent l'eau. Le théâtre, le cirque, l'amphithéâtre sont souvent édifiés non loin des portes de la ville. Comme il est interdit d'enterrer les morts à l'intérieur des cités, les tombes s'élèvent à l'extérieur des murailles.

Pourquoi les Romains construisent-ils autant de villes ?

L'Empire est immense. Les empereurs veulent affirmer le pouvoir romain sur chaque province. Ils font édifier des cités qui ressemblent un peu à celle de Rome. Ils envoient des fonctionnaires pour diriger chacune de ces régions. Ces représentants et ces employés doivent disposer sur place de bâtiments officiels et d'habitations. C'est pourquoi, aujourd'hui encore, plus de 1 500 ans après la chute de l'Empire romain, on trouve des vestiges de cités romaines dans tous les pays d'Europe, du Moyen-Orient et d'Afrique du Nord, bâties sur le même modèle.

Le géomètre et ses aides se servent d'une groma, un instrument de mesure qui leur sert à tracer des lignes et des angles droits avec une grande précision.

S’inspirer et

Après la conquête de la Grèce, les Romains font venir de nombreuses sculptures dont ils sont admiratifs.

Quand ils envahissent la Grèce, les Romains découvrent d’innombrables richesses qui inspirent leurs artistes. Pourtant, peu à peu, ils inventent leur propre style de construction.

Les Romains tombent sous le charme

En prenant possession des villes grecques du sud de l’Italie puis de toute la Grèce, les Romains découvrent d’incomparables chefs-d’œuvre : des monuments en marbre (temples, théâtres, palais), des sculptures en pierre, des mosaïques, des fresques… Ils sont subjugués par une si grande beauté. Les généraux rapportent à Rome des milliers de statues et de sculptures. Les artistes romains sont ébahis à leur tour. Peu à peu, inspirés par cet art, ils le copient.

Des monuments grecs à Rome

À la fin de la République et au début de l’Empire, les consuls, puis les empereurs ainsi que les Romains fortunés font venir des architectes et des artistes grecs en grand nombre. Ils leur demandent de construire des monuments dans le style de leur pays, en pierres taillées, aux toits de tuiles soutenus par des linteaux de pierre reposant sur des colonnes.
La plupart de ces bâtiments sont ensuite décorés de bas-reliefs, c’est-à-dire de sculptures qui ressortent de la pierre.

Séduits par le style des monuments de Grèce, les Romains font appel aux talents des architectes grecs pour la construction de leurs principaux édifices.

Pour réaliser une voûte en briques, les Romains dressent un échafaudage en bois (1) sur lequel ils posent des briques (2) qu'ils recouvrent de mortier (3), une sorte de ciment qui « colle » les briques entre elles.

Des voûtes romaines construites grâce à des grues grecques

Aussi magnifiques qu'elles soient, les constructions de style grec ne permettent pas de lancer de grands ponts, comme les aqueducs par exemple (voir p. 80). En effet, il faudrait poser de très longs et de très lourds linteaux de pierre sur des piliers, un travail inimaginable. Les Romains mettent alors au point les voûtes, beaucoup plus légères. Ils les réalisent en pierres taillées ou en briques de terre cuite ou bien encore en béton. Pour les élever, ils construisent des échafaudages en bois et, pour hisser les matériaux, ils emploient des grues, inventées par les Grecs et fonctionnant avec des cordes et des poulies.

Les Romains inventent le béton

Pour éviter d'alourdir les édifices et réussir des voûtes aussi impressionnantes que celle du Panthéon (voir p. 112), les Romains emploient une nouvelle matière : le béton. Ce mélange de sable, de graviers, de cendres volcaniques et d'eau se moule facilement et durcit en séchant.

Faire simple

Les Romains découvrent également plusieurs manières de construire en utilisant le moins possible de pierres taillées qui demandent beaucoup de travail et qui coûtent très cher. Pour dresser des murs épais, ils élèvent côte à côte deux murs de simples pierres tenues par du mortier, un ciment qui colle les pierres entre elles. Ensuite, ils emplissent l'espace libre de graviers, de cailloux et de sable. Dans d'autres cas, ils construisent des murs en briques de terre cuite ou en béton qu'ils recouvrent de plaques de marbre.

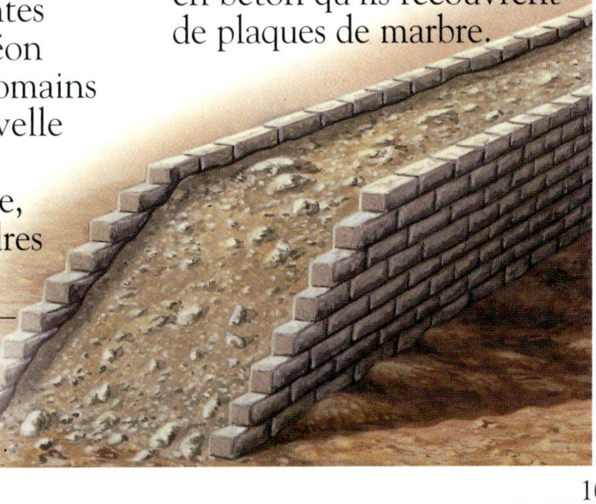

La structure d'un mur épais : deux murs de pierre entre lesquels on comble l'espace de cailloux, de graviers et de sable.

Le Colisée

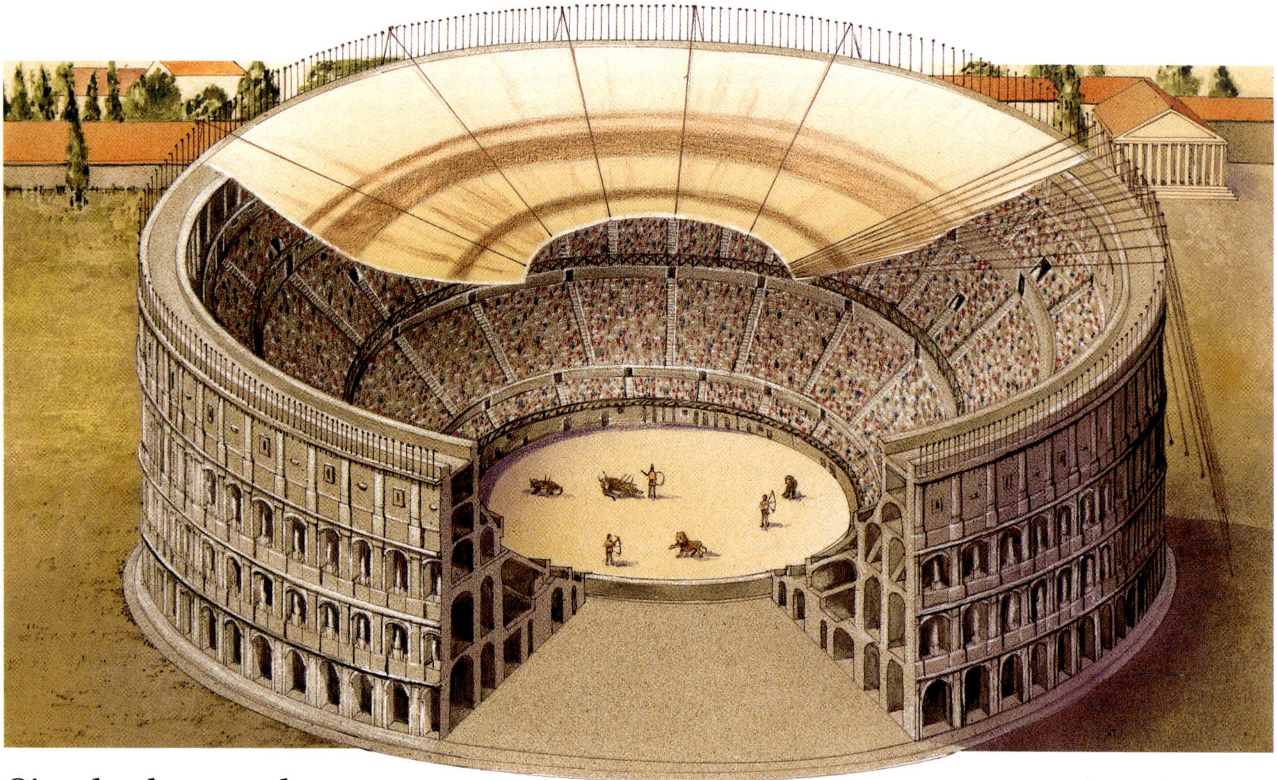

C'est le plus grand amphithéâtre de tout l'Empire romain. Il peut accueillir plus de 70 000 spectateurs.

Un des chefs-d'œuvre du monde romain

Le Colisée impressionne par ses dimensions extraordinaires : il est long de 190 m et large de 156 m. Il s'élève à 45 m de hauteur. L'arène est longue de 83 m sur 48 m, soit l'équivalent de 8 terrains de basket-ball. Ses cinq rangs de tribunes, prévues pour recevoir 73 000 spectateurs, sont supportés par 80 colonnes en pierre. Les blocs sont liés entre eux par des tiges de fer. Beaucoup d'arcades sont moulées en béton. Les gradins sont recouverts de marbre pour le public riche et de bois pour les pauvres. Des mâts de bois fixés au-dessus des gradins permettent de tendre une grande toile qui protège les spectateurs du soleil. Sous l'arène en bois recouverte de sable, sont installés deux sous-sols de cellules et de cages pour les animaux et les gladiateurs. Des systèmes d'ascenseurs actionnés par des esclaves font monter les animaux dans l'arène.

Dix ans de travaux !

C'est l'empereur Vespasien qui décide de la construction du Colisée en vue de plaire au peuple qui aime les jeux. Il choisit de payer ce gigantesque chantier avec les trésors rapportés des conquêtes et non pas avec les impôts. Les travaux débutent autour de 70 et s'achèvent, sous l'empereur Titus, en 80. L'inauguration donne lieu à plusieurs semaines de jeux ininterrompus.

La colonne de Trajan

L'ensemble du chantier de la colonne de Trajan a duré sept ans.

Une colonne creuse

L'empereur, qui règne de 98 à 117, confie la réalisation de sa colonne à l'architecte Appolodore de Damas. Celui-ci élève une colonne de 35 m de haut environ et de 3,80 m à la base. À la différence des obélisques égyptiens, la colonne est creuse. Un escalier intérieur de 185 marches, en spirale, permet d'accéder à une plate-forme extérieure. La lumière entre par quarante petites fenêtres. La colonne est constituée de 19 gros morceaux de marbre de Carare, une ville du nord de l'Italie. Quelle précision il a fallu à l'architecte et à ses ouvriers pour tailler chacun de ces blocs afin qu'ils s'emboîtent parfaitement !
Et que d'efforts pour les acheminer à Rome ! Chacun d'eux pèse en effet 32 tonnes !

Une bande dessinée tout en hauteur

Sur la colonne, une frise illustrée s'élève en spirale sur une longueur équivalente à 500 m, soit un demi-kilomètre ! (voir p. 22). Ce décor taillé dans la pierre représente les conquêtes de la Dacie, dans l'actuelle Roumanie, en 101 et 105. Les artistes ont représenté des scènes de la conquête : traversée de rivière, formation des légions en tortue, construction de camp… On a compté 2 600 personnages distincts. L'empereur lui-même est sculpté plus de 70 fois !

Une statue de l'empereur

Quand elle est achevée en 113, la colonne est surmontée d'une statue de Trajan, ce qui porte sa hauteur à 41,15 m. Au Moyen Âge, la statue de l'empereur est descendue et remplacée par une statue de saint Pierre, le premier évêque de Rome et premier pape.

Pour célébrer ses victoires militaires, l'empereur Trajan fait édifier sur le forum une immense colonne de marbre sur laquelle des scènes sculptées illustrent ses exploits.

Le Panthéon

La construction de la formidable coupole de béton de plus de 44 mètres de haut reste un mystère pour les historiens.

Au centre du dôme immense, un trou appelé oculus *laisse entrer la lumière. Elle fait resplendir les innombrables plaques de marbre qui recouvrent le sol et les murs intérieurs de l'édifice.*

C'est le plus mystérieux et le plus exceptionnel monument de la cité de Rome. Bâti au IIe siècle, il possède la première voûte réalisée en béton.

Une folie en béton

Le Panthéon est édifié sous l'empereur Hadrien, fils adoptif de Trajan, qui règne entre 117 et 138. Sa voûte est grandiose : elle possède un diamètre et une hauteur égale de 44,40 m ! Pour la première fois, des hommes ne construisent ni en pierre, ni en brique, mais utilisent du béton.

Une construction mystérieuse

Les historiens et les architectes modernes ne parviennent toujours pas à imaginer comment a été construit le dôme du Panthéon. Longtemps, ils ont pensé qu'un gigantesque échafaudage de bois avait été réalisé avant de constituer la voûte. Depuis quelques années, d'autres considèrent que le dôme aurait été élevé par tranches successives, comme des quartiers d'orange, réalisées les unes après les autres, mais rien ne l'atteste.

À quoi servait ce monument ?

Selon son nom d'origine grecque, le Panthéon est le temple de tous les dieux. Il semble qu'une statue de chacun d'eux ait figuré dans l'édifice. On ignore si des cérémonies y étaient célébrées, mais on sait toutefois que l'empereur aimait y donner des réceptions officielles.

Sublimes mosaïques

De magnifiques mosaïques qui décoraient le sol des villas ont pu être retrouvées dans de nombreux sites archéologiques romains.

Les artistes romains sont des maîtres dans l'art de la mosaïque et réalisent des œuvres d'une finesse étonnante.

Un art grec

En Grèce, les mosaïques décoraient les sols. Elles étaient constituées d'un assemblage de petites pierres noires et blanches. Séduits par cet art, les Romains en recouvrent les sols... puis les murs. Les petits cubes sont soit taillés dans du marbre, soit moulés dans de la terre cuite ou de la pâte de verre et prennent toutes les couleurs. Certains ont à peine un millimètre de côté ! Ils sont posés puis collés à l'aide d'un mortier. Pour terminer, la mosaïque est nettoyée puis polie avec du sable. Plus l'espace entre les petits cubes de couleur (tesserelles) est étroit, plus la mosaïque est fine et belle.

Des maisons aux églises

À partir du Ier siècle, les mosaïques remplacent de plus en plus les fresques. Elles ornent les intérieurs des grandes villas et les demeures des riches Romains. Elles décorent les thermes et, lorsque la religion chrétienne est reconnue, elles embellissent les premières églises. Ces œuvres atteignent des dimensions incroyables.

Des détails de plus en plus soignés

Les premières mosaïques reproduisent des fresques peintes. Peu à peu, les artistes qui les réalisent créent leurs propres motifs. Ils atteignent une telle perfection que certains détails du corps tels que les yeux ou les doigts sont aussi bien rendus que sur une peinture !

Les petits morceaux de marbre ou de terre cuite posés les uns à côté des autres peuvent illustrer des paysages, mais aussi des portraits d'une grande finesse.

Des fresques

Les artistes préparent le mur avec de l'enduit qu'ils polissent (1 et 2). Ils dessinent ensuite sur l'enduit encore humide (3 et 4).

Les seules œuvres des peintres romains qui nous soient parvenues sont les splendides fresques qu'ils ont réalisées sur les murs.

Un art très ancien

Les plus anciennes fresques connues en Italie viennent des Étrusques.
Dès le VIIe siècle av. J.-C., ils décorent ainsi l'intérieur des tombes de leurs morts. Ils représentent des scènes de la vie quotidienne, des scènes de fêtes... Les dessins sont déjà d'une très grande finesse et les couleurs sont très chaudes grâce aux jaunes et aux orangés.

Un peintre entouré d'artisans

Pour réaliser une fresque, des artisans recouvrent le mur d'un enduit constitué d'un mélange de plusieurs éléments : du sable, de l'argile, de la brique écrasée, de la poudre de marbre et du calcaire. On polit cet enduit afin que la surface du mur soit bien lisse. Quand il est prêt et que l'enduit est encore humide, les peintres exécutent leur dessin avec de l'ocre, une argile colorée. Il faut alors aller vite, les peintres doivent en effet appliquer la couleur avant que l'enduit ne soit sec. Ainsi, la couleur pénètre dans l'enduit et conservera sa teinte pendant très longtemps.

Des couleurs naturelles

Les peintres préparent eux-mêmes leurs couleurs avec des substances naturelles. Ils obtiennent ainsi le rouge et le jaune à partir de l'ocre (une terre argileuse contenant des oxydes de fer), le vert est obtenu à partir d'une autre variété d'argile, le noir à partir de poudre d'ivoire, d'os ou de bois

extraordinaires

Les artistes romains représentent souvent sur les murs des architectures qui trompent l'œil : fausses portes, fausses fenêtres… comme ce décor de théâtre.

calcinés, le bleu vient d'Égypte où il est obtenu à base d'un mélange de cuivre et de calcium.

Différents styles

Les plus anciennes fresques romaines datent du IIe siècle av. J.-C. et ne représentent pas des scènes animées mais des décors. Les peintres font des imitations de panneaux de marbre, des façades de temples, des architectures… Ces sujets sont si précis et si bien rendus que l'on donne à cet art le nom de « trompe-l'œil ». Un siècle plus tard, les artistes romains dessinent de grandes scènes de paysages, avec de nombreux personnages et des animaux. Leur technique est parfaite et ils maîtrisent si bien la couleur qu'ils parviennent à rendre jusqu'à la légèreté et la transparence des vêtements.

Où les Romains décorent-ils leurs murs de fresques ?

Ces peintures murales ornent les intérieurs des maisons les plus riches. Elles décorent également les palais et villas de l'empereur ainsi que les thermes publiques. Lorsque la religion chrétienne se répand dans l'Empire, de nombreuses fresques sont alors réalisées dans les églises et les catacombes. Ces peintures chrétiennes sont demeurées après la chute de l'Empire romain d'Occident au Ve siècle. Les artistes italiens sont ainsi restés les plus grands spécialistes de ces techniques dans toute l'Europe.

Comment imaginer que cette scène (détail d'une fresque retrouvée à Pompéi) a été peinte il y a plus de 2 000 ans ?

D'innombrables statues

Une statue en bronze de Marc Aurèle datant du IIe siècle.

Les sculpteurs romains doivent montrer la grandeur de l'empereur à travers les statues qu'ils réalisent. De riches familles font aussi appel à ces artistes pour sculpter des bustes de leurs ancêtres.

Des œuvres commandées par l'empereur

Les œuvres demandées par l'empereur doivent montrer les exploits des légions romaines, la supériorité de leur armement, la bravoure de leurs chefs... Les artistes représentent les soldats romains avec des visages jeunes et beaux tandis que leurs ennemis ont une allure plus grotesque.

L'empereur présent partout

Les statues de l'empereur doivent le montrer dans ses différents rôles : général des armées, chef politique, chef religieux... Ces statues de marbre ornent les places des villes de tout l'Empire. Comme la photographie n'existe pas, chacun peut ainsi connaître le visage de l'empereur.

Les sculptures de famille

Les Romains aiment se souvenir de leurs ancêtres disparus. Pour les honorer, ils disposent des portraits d'eux autour de l'autel familial. Au début de la République, les sculpteurs réalisent des masques mortuaires. Ils déposent de la cire sur le visage du défunt et obtiennent une empreinte. Ils coulent ensuite du bronze dans ce moule pour obtenir une représentation du visage. À la fin de la République et sous l'Empire, des sculpteurs réalisent surtout des bustes, c'est-à-dire une sculpture de la tête et du cou, en marbre

Ce riche Romain en toge s'est fait représenter portant le buste de ses ancêtres. Cette statue de marbre date de la fin du Ier siècle av. J.-C.

dans tout l'Empire

ou en bronze. Les artistes réussissent des portraits d'une grande ressemblance. Ils ne cherchent pas à embellir leur modèle. S'il est âgé et que son front est ridé, ils le sculptent tel qu'il est.

Le souci du détail

Alors que les sculpteurs grecs représentent souvent des personnages nus, les sculpteurs romains les montrent vêtus de leurs plus belles toges. Ils rivalisent alors de talent pour reproduire le drapé du tissu.

Des statues en bronze

Les Romains ne sculptent pas seulement le marbre. Ils réalisent également des statues de bronze, un mélange de cuivre et d'étain. L'artiste modèle d'abord sa sculpture en argile (1). Ensuite, il la recouvre entièrement d'une couche de cire (2) puis l'enveloppe dans une épaisse couche d'argile (3). La statue est mise au four. La chaleur fait fondre la cire qui s'écoule par de petits tuyaux. Le bronze liquide est versé dans l'espace resté libre entre les deux couches d'argile (4). Quand le métal s'est refroidi, on casse l'enveloppe (5). Il ne reste plus qu'à polir la statue avec du sable. Cette technique, appelée moulage à la cire perdue, permet de réaliser de grandes statues qui peuvent être placées en extérieur et résistent à la pluie et au gel.

Des sarcophages richement sculptés

Les Romains qui en ont les moyens aiment faire sculpter des scènes sur leurs tombeaux de marbre. On y représente soit des scènes de la mythologie, soit des moments de la vie du défunt. Un forgeron sera sculpté entouré de ses outils. Un général sera montré à la tête de ses légions. Ces sculptures sont de précieux témoignages qui nous aident aussi à mieux connaître les Romains.

La musique

La musique est présente partout : dans les fêtes et les cérémonies, dans les réceptions, au théâtre et même dans l'armée…

Les flûtes…

Elles accompagnent les fêtes religieuses, les sacrifices, les funérailles, les pièces de théâtre… Il existe différentes sortes de flûtes : les flûtes de pan à plusieurs tuyaux, les flûtes simples ou les flûtes doubles, avec deux tuyaux.

… accompagnées de percussions

Les airs de flûtes sont généralement accompagnés de percussions : le tambourin (une peau tendue sur laquelle on frappe), le sistrum (une sorte de crécelle), les cymbales (deux disques de bronze), des crotales (sortes de castagnettes en bois, en os ou en métal).

La lyre

Selon les modèles, la lyre romaine compte de trois à douze cordes qui sont tendues entre deux bras en bois. Le son est amplifié par une caisse de résonance qui peut être faite d'une carapace de tortue.

Des instruments en métal

Plusieurs instruments à vent en métal sont joués, ils produisent un son puissant. Ils sont notamment utilisés dans l'armée pour donner des ordres en pleine bataille. Le lituus ou le cornu se jouent comme le clairon moderne.

L'orgue à eau

Venu de Grèce, il est composé de tuyaux de différentes longueurs et de réservoirs d'eau qui permettent de le faire fonctionner. Ce type d'orgues exige une machinerie importante. Ils sont donc souvent installés dans les arènes.

Sur cette mosaïque, quelques musiciens accompagnent les jeux du cirque. On distingue un orgue et des cornus (tuyaux coubes) ainsi qu'une sorte de longue trompette.

La littérature

Les Romains aiment la poésie, les pièces de théâtre, les récits historiques. Ils ont de grands auteurs et déjà des bibliothèques pour y trouver leurs écrits.

Les lectures publiques

Lors des banquets, les riches Romains aiment entendre des poètes venir déclamer des poèmes. Dans son palais, l'empereur invite aussi les plus grands écrivains de son temps.

Des bibliothèques dans chaque ville

Dans les grandes villes, des Romains fortunés font édifier des bibliothèques. Les habitants viennent y lire les livres qui se présentent sous la forme de rouleaux de papyrus fabriqués à l'aide de fibres de cette plante venue d'Égypte ou des rouleaux de parchemins fabriqués à base de peaux de moutons. Le livre est précieux car, à l'époque romaine, l'imprimerie n'existe pas, chaque livre est copié à la main.

Des auteurs célèbres

Plaute (254-184 av. J.-C.) écrit de nombreuses pièces de théâtre. Pline l'Ancien (23-79 av. J.-C.) rédige un immense livre de sciences naturelles. Il meurt en se rendant voir l'éruption du Vésuve (v. p. 122-123). Ovide (43 av. J.-C. - 18) compose des poèmes d'amour. L'historien Tacite (55-120) retrace l'histoire de Rome, depuis sa création jusqu'à l'Empire.

Virgile, le plus connu

Virgile (70-19 av. J.-C.) est certainement le plus illustre des auteurs romains. Il travaille dix ans à son plus beau chef-d'œuvre, l'Énéide, que la mort l'empêche d'achever. Ce très long récit conte les aventures d'Énée, que les Romains considèrent comme un ancêtre de Remus et Romulus (voir p. 103).

Cette mosaïque montre Virgile, l'auteur du plus grand poème en latin de l'Antiquité : l'Énéide.

L'écriture

L'écriture majuscule est employée sur les monuments (1), dans les livres et les textes officiels (2). L'écriture en lettres minuscules n'est utilisée que pour prendre des notes.

Parmi tout ce que les Romains nous ont légué, figurent l'alphabet que nous employons et la langue latine, à l'origine de plusieurs langues européennes.

D'où vient l'alphabet latin ?

Les Romains n'ont pas inventé leur alphabet. Ils l'ont copié sur celui des Étrusques, ce peuple qui vivait en Italie depuis le début du Ier millénaire av. J.-C. Les Étrusques avaient eux-mêmes copié leur alphabet sur celui des Grecs. Les lettres servent à écrire les sons des mots. L'écriture se lit horizontalement, de la gauche vers la droite.

Trois types d'écriture

Les Romains écrivent beaucoup mais, selon les supports, ils écrivent de manière différente. Pour les inscriptions officielles ou religieuses qui figurent sur les monuments, ils gravent des lettres en majuscules soigneusement formées. Pour la copie de livres, ils écrivent aussi en majuscules. Mais pour prendre des notes sur les tablettes de cire, ils se servent d'une écriture rapide aux lettres minuscules attachées.

La langue latine

C'est la langue du petit peuple qui vit dans le Latium et qui fonde la cité de Rome au VIIe siècle av. J.-C. En agrandissant son territoire, ce peuple a imposé sa langue à ses voisins. Le latin est ainsi devenu la langue de tout l'Empire. Pendant cinq siècles, elle est parlée et surtout comprise dans toutes les provinces. Puis le latin devient la langue de l'église catholique. Les prêtres l'emploient pour célébrer la messe. Après la chute de l'Empire, au Ve siècle, les rois d'Europe continuent de la parler. Le latin donne naissance à plusieurs langues européennes : l'italien, le français, l'espagnol, le portugais, le roumain...

Voici une tablette recouverte de cire teintée dans laquelle on gravait à l'aide de stylets une écriture simple en minuscules.

Les chiffres romains

UNITÉS	UNITÉS + 10	DIZAINES	CENTAINES	MILLIERS
1 = I	11 = XI	10 = X	100 = C	1 000 = M
2 = II	12 = XII	20 = XX	200 = CC	2 000 = MM
3 = III	13 = XIII	30 = XXX	300 = CCC	3 000 = MMM
4 = IV	14 = XIV	40 = XL	400 = CD	4 000 = MMMM
5 = V	15 = XV	50 = L	500 = D	
6 = VI	16 = XVI	60 = LX	600 = DC	
7 = VII	17 = XVII	70 = LXX	700 = DCC	
8 = VIII	18 = XVIII	80 = LXXX	800 = DCCC	
9 = IX	19 = XIX	90 = XC	900 = CM	

Les chiffres romains ont été utilisés pendant près de deux mille ans pour compter. Abandonnés au Moyen Âge, ils n'ont pas totalement disparu.

Sept signes

Pour écrire les nombres, les Romains emploient 7 signes. À l'origine, aux premiers temps de Rome, un trait vertical marque une unité, une croix marque une dizaine, une croix coupée par un trait marque une centaine. Au fil du temps, ces signes se modifient : I pour 1, V pour 5, X pour 10, L pour cinquante, C pour 100, D pour 500 et M pour mille.

Des règles complexes

Le principe d'écriture des nombres est compliqué. On ne peut pas aligner plus de trois signes identiques en deçà des milliers. Ainsi, le nombre « 4 » s'écrit «5 – 1», soit **IV** (et non pas IIII), de même, le nombre « 9 » s'écrit «10 – 1», soit **IX**. À l'inverse, le chiffre « 6 » s'écrit «5 + 1» soit **VI**. Le nombre 101 s'écrit par exemple «100 + 1», soit **CI**.

Pas de zéro !

Au-dessus de mille, on ne peut pas non plus aligner plus de 4 signes identiques. Ce système a des limites. Ainsi, on ne peut pas écrire de nombres supérieurs à 4 999 (MMMMCMXCIX) car il n'existe aucun symbole pour écrire 5 000 et il n'existe rien pour figurer le zéro.

Pas d'opérations possibles

Les Romains ne posent pas les opérations (addition, soustraction, multiplication et division). Pour additionner ou soustraire, on se sert d'un boulier.

Des chiffres venus d'Inde

Les chiffres romains sont employés dans toute l'Europe longtemps après la chute de l'Empire romain. C'est en l'an mille qu'apparaissent les chiffres arabes, en fait venus d'Inde, que nous utilisons encore aujourd'hui. Les chiffres romains n'ont pas disparu : on les emploie pour écrire le n° des siècles, les chiffres sur les cadrans des horloges, des montres...

4 888 (ci-dessous) est le nombre romain le plus long en quantité de symboles.

Compter le

Ce fragment de calendrier en pierre de l'époque romaine indique, selon les historiens, les dates de certaines fêtes et célébrations importantes.

Le calendrier utilisé de nos jours dans une très grande partie du monde nous a été transmis par les Romains.

Un calendrier nécessaire aux travaux des champs

Selon la légende, c'est Romulus, fondateur de Rome, qui aurait fixé le premier calendrier romain. C'était important car les Romains, peuple d'agriculteurs, avaient besoin de disposer de repères dans l'année afin de savoir à quel moment effectuer les différents travaux des champs.

Selon les traces retrouvées de ce premier calendrier, l'année commençait au mois de mars et elle était divisée en dix mois. Mais ce calendrier était fixé sur les mouvements de la Lune et non pas sur ceux du Soleil. L'année ne comptait alors que 304 ou 305 jours. Il en manquait 60 ou 61. Les Romains ajoutaient donc ces jours entre la fin du mois de décembre et la première lune de mars.

Jules César impose le calendrier solaire

Au cours des siècles, le calendrier est modifié à plusieurs reprises.

Au IIe siècle, le début de l'année est fixé au mois de janvier, mois du dieu Janus, le dieu des commencements. Mais ce calendrier-là non plus ne donne pas satisfaction : il manque toujours des jours. Tout change avec Jules César. En 46 av. J.-C., il consulte l'astronome grec Sosigène d'Alexandrie et lui demande d'établir un nouveau calendrier. Le savant propose de fixer le calendrier sur la course du Soleil. L'année compte donc 365 jours plus un jour supplémentaire tous les quatre ans. Elle est découpée en douze mois de 30 ou 31 jours, eux-mêmes découpés en semaines de sept jours. Ce calendrier, qui est toujours le nôtre, est utilisé à partir de 45 av. J.-C.

Comment les Romains se donnent-ils rendez-vous ?

Les Romains ont un système très compliqué pour fixer les dates. Ils se repèrent par rapport à trois jours particuliers : le premier du mois appelé « calendes »,

temps à Rome

Clepsydre

le 5e ou le 7e appelé « nones » et le 13e ou le 15e appelé « ides ». On invite ainsi un ami à venir trois jours avant les nones d'août, ou bien on fête un anniversaire le 7e jour avant les calendes de janvier. Jules César est assassiné aux ides de mars, soit le 15.

Comment connaître l'heure ?

À Rome, à l'époque des rois, un personnage vient chaque jour sur le forum. Il guette le passage du Soleil entre deux bâtiments. Lorsque l'astre est à un endroit précis, il crie à la foule qu'il est midi. À la campagne, on se fie à la hauteur du soleil dans le ciel pour connaître l'heure approximativement. Puis les Romains découvrent en Grèce les cadrans solaires et en installent sur tous leurs bâtiments publics. Le cadran est gradué en demi-cercle. Au-dessus est planté un bâton. Lorsque le soleil éclaire le cadran, l'ombre du bâton indique une graduation qui donne ainsi l'heure de la journée.

Clepsydre et horloge à eau

Lorsqu'il n'y a pas de soleil, les Romains emploient la clepsydre, déjà utilisée en Égypte et en Grèce. De l'eau s'écoule d'un vase gradué dans un autre vase. En observant le niveau de l'eau et les graduations, on peut évaluer le temps qui passe. Mais la clepsydre ne donne pas l'heure. Beaucoup plus rares sont les horloges à eau copiées sur les Grecs : de l'eau qui coule régulièrement emplit une cuve dans laquelle un flotteur s'élève au fur et à mesure que le niveau de l'eau monte.

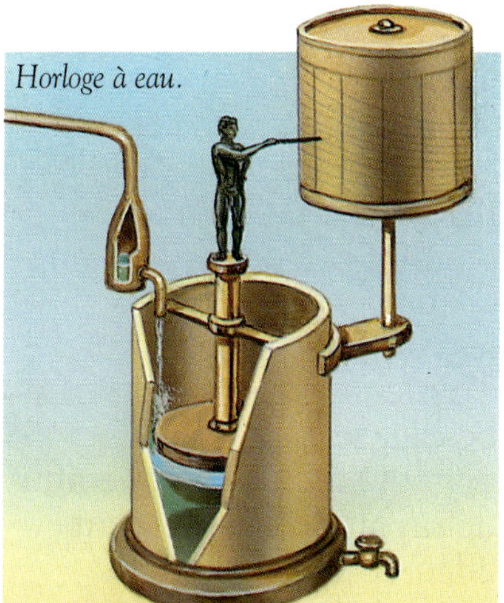

Horloge à eau.

TABLE DES MATIÈRES

CRÉDITS PHOTOGRAPHIQUES

P. 7 : La louve © A. de Luca/Corbis. **P. 8 :** Les Sabines, J.L. David © Ph. RMN/R.G. Ojeda. **P. 16 :** Buste de Pompée © Bridgeman/Giraudon. **P. 17 :** Buste de César © Bridgeman/Giraudon. **P. 18 :** Antoine et Cléopâtre, A. Van Hamme © Fine Art Photographic Library/Corbis. **P. 19 :** Statue d'Auguste © The Art Archive/Musée de la civilisation romaine/Dagli-Orti. **P. 33 :** Mur d'Hadrien © Atlantide Phototravel/Corbis. **P 51 :** Mosaïque *Cave canem* © The Art Archive/Dagli-Orti. **P. 56 :** Dames romaines en conversation © The Art Archive/Dagli-Orti. **P. 67 :** Femmes aux bains © The Art Archive/Villa romaine du casale/Dagli-Orti. **P. 69 :** Gravure montrant une naumachie © Historical Picture Archive/Corbis. **P. 70 :** Détail d'une mosaïque montrant des gladiateurs © Alinari Archives/Corbis. **P. 73 :** Détail d'une mosaïque montrant des masques de théâtre © The Art Archive/Musée des capitolins/Dagli-Orti. **P. 76 :** Récipients en verre © The Art Archive/Dagli-Orti. **P. 83 :** Sesterce de Trajan © The Art Archive/coll. J. Vinchon/Dagli-Orti. **P. 86 :** Pièces de monnaie romaines © The Art Archive/Musée des civilisations anatoliennes/Dagli-Orti. **P. 87 :** Bourse *Viator ad aerarium* © The Art Archive/Musée de la civilisation romaine/Dagli-Orti. **P. 90 :** Pompéi © Seamas Culligan/Zuma/Corbis. Portrait de Terentius er sa femme © M. Jordice/Corbis. Bol d'olives © R.T. Nowitz/Corbis. **P. 91 :** Thermopolium © The Art Archive/Dagli-Orti. Moulage de corps, Pompéi © R. Ressmeyer/Corbis. **P. 100 :** Sarcophage sculpté © The Art Archive/Musée des capitolins/Dagli-Orti. **P. 105 :** Buste de Constantin © The Art Archive/Musée du Capitole/Dagli-Orti. **P. 113 :** Sol en mosaïque, Conimbriga © A. Cooper/Corbis. Portrait en mosaïque © Brooklyn Museum/Corbis. **P. 115 :** Haut : Fresque, décor de théâtre © M. Jodice/Corbis. Bas : Détail d'une fresque retrouvée à Pompéi. © M. Listri/Corbis. **P. 116 :** Haut : Statue équestre de Marc-Aurèle © The Art Archive/Dagli-Orti. Bas : Statue de Togato Barberini © A. de Luca/Corbis. **P. 118 :** Détail de mosaïque avec musiciens © R. Woo/Corbis. **P. 119 :** Portrait de Virgile © The Art Archive/Musée national du Bardo/Dagli-Orti. **P. 120 :** À gauche : stèle romaine ©The Art Archive/Musée de Navarre/Dagli-Orti. À droite : tablette en bronze gravée © The Art Archive/Musée de la civilisation romaine/Dagli-Orti. **P. 122 :** Fragment de calendrier romain © The Art Archive/Musée de la civilisation romaine/Dagli-Orti.

Les cartes de l'ouvrage ont été réalisées par Bénédicte Colson.

Couverture : Marie-Christine Lemayeur/Bernard Alunni.